김해대성동고분군과
유네스코 세계유산

Gimhae Daeseong-dong Ancient Tombs and UNESCO World Heritage Site

김해 대성동고분군과 유네스코 세계유산

엮은이 인제대학교 가야문화연구소

펴낸이 최병식

펴낸날 2024년 12월 2일

펴낸곳 주류성출판사

서울특별시 서초구 강남대로 435

TEL | 02-3481-1024 (대표전화) • FAX | 02-3482-0656

www.juluesung.co.kr | juluesung@daum.net

값 20,000원

잘못된 책은 교환해 드립니다.

ISBN 978-89-6246-545-7 93910

※ 본 인쇄물(또는 출판물)은 교육부 대학혁신지원사업비로 제작하였습니다.

김해대성동고분군과 유네스코 세계유산

Gimhae Daeseong-dong Ancient Tombs and UNESCO World Heritage Site

인제대학교 가야문화연구소
김해시

인제대학교 산학협력단
Inje Industry Academic Cooperation Foundation

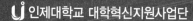
인제대학교 대학혁신지원사업단

주류성

개 회 사

　청명한 가을날에 제29회 가야사학술회의를 개최하게 됨을 기쁘게 생각합니다. 오늘 참석해 주신 발표자와 토론자 여러분, 김해시민 여러분과 김해시장님, 그리고 가야사 밝히기와 가야문화발전을 책임질 전국의 역사학·고고학 전문가와 학생 여러분께 감사의 말씀을 올립니다.

　지난 30년 동안 가야사에 대한 자부심과 애정으로 가야사학술회의를 계속 개최하고 있는 우리 김해시의 노력은 특별하다고 생각합니다. 이 학술회의를 주관하는 인제대학교 가야문화연구소는 이러한 의지와 전통을 충분히 자각하여 보다 나은 학술회의의 개최와 결과를 적극적으로 전파하는데 최선을 다하겠습니다.

　이번 학술회의 주제는 「김해 대성동고분군과 유네스코 세계유산」으로, 가야고분군 세계유산 등재 1주년 기념입니다. 지난해 9월에 유네스코 세계유산위원회에서 7개 가야고분군의 세계유산 등재가 확정되었습니다.

　7개의 가야고분군 가운데 김해 대성동 고분군에서는 덩이쇠가 수십장씩 쌓인 채로 발굴되어 '철의 왕국'으로서의 가야의 위상을 재확인하였고, 북방 유목민의 쇠솥, 로마제국의 유리잔 파편, 일본의 청동 장신구도 발굴되어 고대 가야인들이 김해를 중심으로 활발한 국제 교류를 통해 상업 국가로 발전하였음을 뒷받침합니다.

　금번 학술대회는 금관가야의 대표적인 지배층 무덤인 대성동고분군의 조사 성과와 활용방안을 모색하는 자리입니다. 즉, 대성동 고분군의 최초

발굴자이신 신경철 교수님의 기조강연, 김해 대성동고분군의 세계유산적 가치와 활용, 대성동고분군에서 새로 찾은 유물들, 도심형 세계유산으로서의 김해 대성동 고분군, 김해 대성동 고분군과 일본과의 관계, 인류 최초의 철기문명으로 알려진 튀르키예 '히타이트' 유물의 김해 전시회와 관련한 특별강연도 있습니다.

발표와 토론 참가를 수락해 주신 국내외 학자 여러분들과 학술대회를 준비하는데 많은 도움을 주셨던 김해시학술위원회의 윤형원·이은석·송원영·김우락 선생님, 김해시청과 인제대학교 산학협력단 여러분께 심심한 감사의 말씀을 올립니다. 아무쪼록 오늘 가야사학술회의가 계획대로 잘 진행되고 풍성한 결실을 맺을 수 있도록 여러분께서 끝까지 자리해 주시고 성원해 주시기를 바랍니다.

오늘 참가하시는 모든분들의 건승과 가정의 평안을 기원하겠습니다.

2024. 9.
인제대학교 가야문화연구소
소장 이 동 희

환 영 사

　가야고분군의 유네스코 세계유산 등재 1주년에 즈음하여 제29회 가야사 학술회의를 개최하게 된 것을 매우 뜻깊게 생각하며, 가야 역사를 고스란히 품고 있는 김해를 찾아주신 발표자 및 학계, 지역사연구자, 학생 여러분들을 56만 김해시민과 함께 진심으로 환영합니다.

　이번 학술회의를 준비해 주신 국립김해박물관 윤형원 관장님을 비롯한 학술위원님들, 발표와 토론을 맡아주신 국내외 학자 여러분께 감사드리며, 학술회의를 주관하고 있는 인제대학교 가야문화연구소 관계자 여러분의 노고에도 깊은 감사와 격려의 마음을 전합니다.

　지난해 대성동고분군을 포함한 7개 가야고분군이 유네스코 세계유산에 등재되면서 세계가 함께 관리해야 하는 유산으로 인정받았습니다. 이번 가야사학술회의 주제는 '가야고분군 세계유산 등재 1주년 기념, 김해 대성동고분군과 유네스코 세계유산'으로 대성동고분군을 재조명하는 의미있는 행사가 될 것으로 기대합니다.

　세계유산 가야고분군 중 대성동고분군을 다루고 있지만, 발표자료 내용 중 "가야고분군의 세계유산 등재는 세계 민족지 위에 잊혀져 있던 가야 문명의 존재를 공식적으로 알림과 동시에 가야인들의 삶을 세계만방에 드러내는 일"이며 "선조들이 공통된 약속과 연대로 가야 문명을 발전시켰던 것처럼, 우리도 가야고분군의 모든 관련자가 '원 팀(one team)'이 되어야 한다"는데 공감하고 있습니다.

앞으로 우리 시는 연속유산인 가야고분군과 관련된 다른 지자체와 긴밀하게 협력하면서, '원팀'이라는 연대의식을 가지고 세계유산 가야고분군의 보존과 관리에 최선을 다할 것입니다.

다시 한번, 발표·토론을 맡아주신 분들과 참석해 주신 시민 여러분께 감사드리며, 함께한 모든 분들의 건강과 행복을 기원합니다.

감사합니다.

2024. 9.

김해시장 홍 태 용

환 영 사

여러분 반갑습니다.

풍성한 가을을 맞이하여 제29회 가야사학술회의가 개최됨을 진심으로 축하합니다. 김해시에서 1991년 최초로 열린 제1회 가야사학술회의는 지금까지 30년 이상 이어져 오고 있는 가야권에서 가장 오래된 학술 교류의 장입니다. 가야는 여러 나라로 분리되어 있었고 현재 관련 지자체별로 '가야사학술회의'가 열리고 있지만, '가야사학술회의'의 역사로 보면 금관가야가 가장 오랜 역사를 지니고 있습니다. 이러한 점에서 보면, 김해가 가야의 본향이자 가야의 맹주로서의 역할을 지금도 하고 있다고 볼 수 있습니다.

가야사학술회의는 김해시의 적극적인 추진과 자발적으로 참여하시는 여러분들의 호응에 힘입어 가야 문화와 관련된 제반사항을 주제별로 점검해 왔습니다. 금번 가야사학술회의는 지난해 9월 유네스코 세계유산위원회에서 김해 대성동 고분군 등 7개 가야 고분군 세계유산 등재 이후 1주년 기념 행사입니다.

김해 대성동 고분군은 사적으로, 금관가야의 소재지인 김해 지역 중심부에 위치한 금관가야의 지배층 무덤입니다. 1990년에 경성대학교 박물관에 의해 학술조사가 처음 시작되었습니다. 1~5세기대에 해당하는 대성동 고분군은 전기 가야의 중심 고분군으로 가야의 성립과 전개, 성격, 정치, 사회 구조를 해명하는데 절대적인 가치를 지니고 있는 유적입니다.

그동안 가야사는 문헌이 부족하여 고구려, 백제, 신라 등 삼국시대 역사에서 소외되어 그 중요성이 제대로 인정받지 못하였습니다. 이번 학술대회를 통해 세계유산으로서 대성동 고분군의 역사적 가치를 재조명 해보고, 활용 방안을 적극적으로 모색하는 장이 되기를 기대합니다.

저는 역사학자는 아니지만 김해의 역사와 문화를 누구보다 사랑하는 김해시민입니다. 역사 분야는 인간의 과거사 연구를 통해 교훈을 얻고 미래를 지향하는 학문입니다.

가야사 복원은 현재진행형입니다. 가야문화의 출발지이기도 한 김해시에서는 30년 이상 지속적으로 가야사학술대회를 진행하고 있습니다. 이에 대해 김해시와 홍태용 시장님께 경의를 표합니다. 가야사 복원과 관련하여 김해의 대표 대학인 인제대학교에서 관심을 가져야 하고 김해시와 협조하에 시너지 효과를 기대하고 있습니다.

마지막으로, 이번 학술대회와 관련하여 발표자와 토론자 선생님들, 김해시학술위원회 위원님들, 김해시장님, 김해시 의원님 및 관계자 여러분, 그리고 관심을 가지고 전국 각지에서 오신 연구자분들께 고마움을 표합니다.

참석하신 모든분들의 건강과 행복을 기원합니다.

감사합니다.

2024. 9.

인제대학교 대외부총장 이 대 희

환 영 사

김해시(시장 홍태용)와 인제대학교 가야문화연구소(소장 이동희)가 함께 펼치는 올해 제29회 가야사학술회의는 가야고분군 세계유산 등재 1주년을 기념하여 〈김해 대성동고분군과 유네스코 세계유산〉이라는 주제로 국제학술회의가 열리게 되었음을 진심으로 축하드립니다.

이번 학술회의는 작년 사우디아라비아 리야드에서 유네스코 세계유산으로 등재된 감격의 순간을 다시 되살려 보고, 앞으로 〈세계유산 가야〉를 잘 가꾸어 가야할 방향을 함께 고민해 보는 자리가 될 것입니다.

세계유산에 등재된 가야고분군은 김해 대성동 고분군, 함안 말이산 고분군, 창녕 교동과 송현동 고분군, 합천 옥전 고분군, 고성 송학동 고분군, 고령 지산동 고분군 그리고 남원 유곡리와 두락리 고분군으로 모두 7개 지역의 고분군으로 이루어져 있는데, 그 가운데에서도 김해 대성동 고분군은 가야의 가장 이른 시기의 중심 고분군으로 '한반도 고분문화의 원조'라고 할 수 있습니다.

발굴조사의 성과와 의의, 세계유산 가치와 활용, 새로 찾은 유물들, 도심형 세계유산, 일본과의 관계 등을 발표해 주실 신경철 선생님, 심재용 선생님, 이춘선 선생님, 강동진 선생님과 다케스에 준이치 선생님께 감사드리며, 특별히, 10월 7일(월) 개막하는 특별전 〈히타이트〉의 준비를 위해 방한하신 튀르키예 초룸주 문화관광국의 슈메이라 벡타쉬 선생님도 함께해주시어 고맙습니다.

국립김해박물관도 세계유산 등재에 때맞추어 상설전시를 전면 리모델링하여 국내 최첨단 시설로 〈세계유산 가야〉라는 타이틀로 재개관(2024년 1월 22일)하였고, 이어서 2015년 먼저 세계유산에 등재되었던 백제가 2023년 세계유산에 등재된 가야를 축하하는 특별전 〈세계유산 백제, 세계유산 가야〉(2024년 5월 2일)를 열어 큰 호응을 받았습니다. 내년 가을, 가야고분군 세계유산 등재 2주년을 기념하여 국립김해박물관에서 특별전 〈세계유산–김해 대성동 고분군〉을 열어, 다시 한번 김해 대성동고분군의 중요성을 국내외에 널리 알리고자 합니다.

모쪼록, 이번 학술회의를 계기로 김해 대성동고분군을 더욱 깊이 연구하고 활용하여 '세계 속의 가야'로 도약하고, 더 많은 분들이 가야에 관심을 가져주시고 김해를 찾아와주시기를 기원합니다.

2024. 9.

국립김해박물관장 윤 형 원

목 차

주제발표

대성동고분군 조사성과와 의의

신 경 철*

Ⅰ. 머리말

주지하듯이 가야에 대한 기록은 지극히 영세하다.

이는 동시기의 고구려, 백제, 신라와 대비되는 것으로, 이 때문에 가야사의 복원은 상대적으로 매우 지체되었거나, 여전히 많은 문제가 미궁의 상태로 남아 있다. 한마디로 말하면 '가야에는 기록은 없고 유적만 남았다!'해도 지나치지 않다. 이 사실을 바꾸어 말하면 가야사의 복원은 거의 전적으로 고고학에 의지하지 않을 수 없음을 의미한다.

다행히 근년 가야에 대한 고고학적 조사가 급격히 진행되어, 고고학자료에 의한 加耶史 全般을 언급할 만큼, 고고학자료는 충분히 확보되었다.

---

* 부산대학교

그 중심에는 김해 대성동고분군이 자리 잡고 있음은 말할 필요가 없다. 아래에서 말하듯이 가야의 출발은 대성동고분군의 출현과 궤를 함께 하므로, 대성동고분군의 존재 없이는 가야사자체를 논할 수가 없기 때문이다.

그럼에도 불구하고 현재 학계에서는 대성동고분군에 대한 이해가 충분하지 않은 것 같다.

以下는 대성동고분군 발굴조사에 의해 획득한 知見들이다.

즉 대성동고분군의 축조, 대성동고분군의 존재하는 시기와 그렇지 않은 시기의 가야의 성격과 영남지역 諸정치세력의 추이, 주변지역의 동향, 특히 일본열도의 정세는 판이하다.

이 점들에 대해 파악하기 위하여 크게는 전기가야와 후기가야로 대별하여 접근하는데, 이의 명확을 기하기 위하여, 전기가야와 후기가야의 획기는, 후술하듯이 서력 400년 고구려군의 南征으로 촉발된 金海 大成洞古墳群의 築造中斷에 둔다. 즉 대성동고분군이 존재하는 시기와 그렇지 않은 시기가 기준이 되는 것이다.

II. 대성동고분 축조와 일본열도

가야의 출발을 알리는 것은, 이미 충분히 논의되고 또 동의하고 있듯이, 김해의 大成洞古墳群중에서도 29호분이다. 이 고분은 철저한 도굴의 피해를 입은 대성동고분군의 대부분의 고분들과는 달리, 극히 일부분만 도굴의 피해를 입어, 이 고분의 성격에 대해 치밀하게 논의할 수 있을 정도로 괄목할 만한 양호한 고고자료들이 출토되었음은 다 아는 바와 같다.

이 대성동 29호분에 대한 상세한 서술은 피하는 데, 이 고분군에서 확인된 最古의 도질토기와 순장, 오르도스형 동복, 步搖附金銅冠 등의 북방적 성격의 부장유물로 보아, 이 피장자의 출자는 북방에 있음에 틀림없다. 보다 좁혀서 언급한다면, 이들 유물의 상세한 검토에 의해 그 출자는 부여에 있었을 가능성이 지극히 높다. 가야의 출발은 이 대성동 29호분에서 비롯되는데, 이 고분에서 알 수 있듯이 가야문화는 북방적 성격이 농후하다. 이는 금년 대성동고분박물관에서 발굴조사한 대성동 91호분 등에서도 십분 뒷받침되고 있다. 이런 북방적 성격이 짙은 가야문화는 수십년이 경과한 후 신라의 중추부에도 전파되는데[1], 신라문화의 북방문화적 요소─도질토기, 순장, 보요부금동관 등─는 낙동강하류역의 이러한 가야문화─대성동고분군─에서 비롯된 것임이 분명하다.

중요한 것은 이 시기의 일본열도와의 관계다.

가야의 출발을 알리는 대성동29호분과 일본 고분시대 前期初의 가장 중요한 고분인 椿井大塚山古墳 출토의 철촉을 상호 비교검토해 본 결과, 대성동 29호분이 다소 이른 시기의 고분임이 판명되었다. 때문에 대성동29호분은 椿井大塚山古墳보다 한 단계 이른 시기의 고분인 箸墓古墳과 연대적으로 평행할 가능성이 지극히 높다.

箸墓古墳은 이른바 최초의 '定型化한 前方後圓墳'이다. 일본학계에서는 이 보다 이른 '纏向型前方後圓墳'부터를 '고분'으로 보고, 이런 형식의 고분의 등장부터 고분시대로 간주하려는 경향이 있다. '纏向型前方後圓墳'과 '定型化한 前方後圓墳'은 부장토기에서 상호 현격한 질적인 차이가 있다. 이 점은 특히 부장토기에서 두드러지게 나타나는데, 전자가 近畿 중심의 庄內式土器가 일본열도 전역의 定型化한 前方後圓墳이 아닌, 近畿

---

1) 이를테면 낙동강하류역─김해─에서 발생한 도질토기가 수십년 후 경주지역으로 파급되는 것이 가장 좋은 예이다.

申敬澈, 「陶質土器의 발생과 확산」, 『考古廣場』第11號, 2012.

의 纏向型前方後圓墳에 한정되어 부장되는데 비해, 정형화한 전방후원분인 箸墓古墳부터는 역시 近畿중심의 布留式土器가 일본열도 전역의 전방후원분에 부장되는 것이 그러하다. 三角緣神獸鏡의 부장도 정형화한 전방후원분부터임은 말할 필요도 없다. 이러한 현상으로 보아 정형화한 전방후원분인 箸墓古墳부터 일본열도가 全土的으로 결속력이 현저하게 강화되었음을 알 수 있다.

일본학계에서는 이러한 대형의 전방후원분이 大和―奈良―盆地에 집중되어 있는 것은 한반도남부―아마도 낙동강하류역―로부터의 鐵입수 장악의 패권이 北部九州에서 近畿로 바뀐 것으로 이해하려는 경향이 있다.

그러나 가야의 출발을 알리는 대성동 29호분과 일본열도 最古의 정형화한 전방후원분인 箸墓古墳이 同時期라는 것은, 일본열도의 鐵入手先인 낙동강하류역에 강력한 집단의 돌출에 따른, 近畿를 중심으로 일본열도내부의 결속력의 강화를 의미할 가능성이 매우 높다. 즉 정형화한 전방후원분의 등장부터 古墳時代로 본다면, 일본고분시대의 시작은 한반도남부의 정세변동, 즉 가야의 등장과 연동되는 것임이 분명하다.[2]

III. 가야전기의 특질과 해체

1. 특질

위에서 언급하였듯이 고고학자료로 보는 한, 그 동인에 대하여는 여전히

---

2) 신경철, 「대성동 29호분과 '하시하카(箸墓)'고분」, 『가야의 뿌리 II』, (사)가야문화연구회 창립 30주년 기념 문집, 2016.

인식의 차이가 있으나, 변한에서 가야로의 전환, 혹은 가야의 시작을, 필자는 여러 가지 고고학적 증거로 3세기말로 여기고 있는데[3], 이는 다수의 연구자들로부터도 동의를 얻고 있는 것으로 생각된다.

가야는 洛東江下流域에서 출발한다. 이른바 금관가야[4]가 그것인데, 이를 웅변해 주는 것이 위에서 강조하였듯이 대성동고분군이다. 보다 구체적으로는 금관가야의 출발은 낙동강하류역 西岸의 대성동고분군과 그 東岸의 복천동고분군의 연합에서 비롯되었으며 곧 대성동고분군의 서쪽의 유력집단들인 良東里古墳群과 望德里古墳群 등이 여기에 가담한다.[5] 대성동고분군을 정점으로 하는 이러한 구조가 금관가야의 중추부이다. 보다 상세히 말하면 낙동강하구 서안의 대성동고분군 집단과 그 동안의 복천동고분군 집단과의 동맹에 의해 가야가 출발한다. 그 시기는 대성동 13호분, 복천동 38호분의 무렵이며, 實年代로는 4세기 2/4분기이다. 그것은 복천동 38호분이 同고분군의 사실상 최초의 고분이자 대형분이며, 순장의 습속이 처음으로 확인되는 점에서도 알 수 있다.[6] 이 시기는 낙동강하구에

---

3) 申敬澈, ①「김해예안리 160호분에 대하여」,『伽耶考古學論叢』1. 1992.
　　　　②「金官加耶의 成立과 對外關係」,『伽耶와 東아시아』(伽耶史國際學術會議), 김해시, 1992.
　　　　③「加耶成立前後と諸問題」,『伽耶と古代東アジア』新人物往來社, 1993. 등 가야·신라 고분의 연대관은 분분한데, 본고의 연대관은 우선 아래의 글을 참조해 주기 바란다. 향후 보다 상세히 다룰 작정이다.
　　申敬澈, ④「金官加耶 土器의 編年」,『伽耶考古學論叢』3, 2000.
　　　　⑤「陶質土器와 初期須惠器」,『日韓古墳時代の年代觀』(歷博國際研究集會), 2006.
　　　　⑥「韓國考古資料로 본 日本古墳時代 年代論의 問題點」,『한일 삼국·고분시대의 연대관(Ⅲ)』大韓民國 國立釜山大學校 博物館·日本國 人間文化硏究機構 國立歷史民俗博物館, 2009.
4) 물론 '금관가야'는 후대의 명칭으로 가야출발 당시의 명칭은 아니며, 이 무렵 낙동강하류역에 자리잡은 가야의 편의적 명칭이다. 후술하듯이 낙동강하류역에서 출발한 가야의 국명은 '가야' 혹은 '가라'였다.
5) 신경철,「金海大成洞·東萊福泉洞古墳群 點描」,『釜大史學』10, 1995.
6) 申敬澈,「加耶の情勢變動と倭」,『前方後圓墳』岩波書店, 2019.

서 성립된 토질토기가 영남의 각지로 확산되며[7], 일본열도와 중국 동북지역의 전연 등과 본격적으로 대외교섭에 나서[8] 낙동강하구에서 출발한 가야가 본격적으로 對內外로 눈을 돌려 한반도남부의 강자로 두각을 나타내는 시기이기도 하다.

여기에서 강조해 놓고 싶은 것은, 이 무렵 대성동고분군에 반영되고 있는 외래계 유물의 성격이다.

(1) 첫째는 가야의 출발을 알리는 대성동 29호분 등 3세기말에 반영되는 최고의 도질토기, 오르도스형 동복, 보요부금동관, 수장 등 북방적 성격이 유물과 습속이며'

(2) 둘째는 4세기 2/4분기인 대성동 13, 89, 91, 108호분에 부장된 마구, 동기류 등 북방계 유물과 통형동기, 파형동기, 동촉 들 왜계유물이다.

그런데 (1)과 (2)는 성격을 달리하는데, 여러 지면에서 언급하였듯이, (1)의 북방계 유물은 북방의 습속인 순장과 함께 나타나고 있다는 점에서 이러한 문화를 지닌 북방주민의 이주의 소산이다. 이 북방의 주민이란 太康 6년−서력285년−慕容鮮卑의 습격을 받아 옥저로 망명한 부여 지배층의 일부가 한반도 동해안의 루트를 따라 金海에 도달한 결과가 대성동29호분 등에 반영된 것임이 분명하다. 즉 (1)은 김해지역의 지배층이 부여에서 이주한 주민으로 교체되었음을 의미하는 것이다. 가야의 출발을 알리는 가장 가시적인 신호이다.

(1)이 북방주민의 이주의 소산이라면 (2)는 3세기말 북방의 지배층으로 교체된 금관가야가 이 무렵부터 매우 안정된 동시에 비약적으로 발전하였음을 웅변하는 것이다. 이러한 자신감을 발로로 능동적으로 대외교섭에 나

---

7) 申敬澈, 「加耶土器의 발생과 확산」, 『考古廣場』 11, 釜山考古學研究會, 2012.
8) 申敬澈, ① 「大成洞 88, 91號墳의 무렵」, 『고고광장』 13, 釜山考古學研究會, 2013.
　　　　　② 「加耶·新羅 初期馬具의 성격과 의미」, 『古文化』 90, (사)한국대학박물관협회, 2017.

선 소산이 ⑵의 왜계, 중국계 유물이다.

즉 ⑴은 특정주민의 이주에 의한 것이며, ⑵는 대외교섭의 산물로 정리할 수 있다.

금관가야 중심고분군인 이들 고분군의 표지적인 토기는 이른바 '外折口緣高杯'(도면1·2)이다. 그런데 금관가야는 연맹체를 이루고 있는 것으로 이해하고 있으며, 이를 흔히 '전기가야연맹'으로 부르고 있다. 그런데 금관가야의 영역, 혹은 前期加耶聯盟圈域을 '외절구연고배'분포지역과 일치시키는 것이 보통인데, 필자는 여기에 동의하지 않고 있다.

당시—대성동고분군 축조중단 이전—의 영남지역의 토기문화는 '고식도질토기', 혹은 '공통양식토기'로 부르고 있는데, 이는 다시 낙동강하류역의 '외절구연고배권'과 '非外切口緣高杯圈'—筒形高杯—(도면3~6)으로 구분되고 있으며, '외절구연고배권'은 김해·부산을 중심으로 한 낙동강하류역에 국한되고, '통형고배—이른바, 工字形高杯—권'은 '외절구연고배권'의 낙동강하류역을 제외한 全영남지역에 분포하고 있음은 다 아는 바와 같다. 신라의 중심부인 경주도 '통형고배권'의 '고식도질토기' 혹은 '공통양식토기' 지역이었음은 물론이다.

전기가야연맹권역이 외절구연고배권으로 국한한다면, 전기가야연맹은 낙동강하류역의 지극히 협소한 지역이 된다. 그렇다면 그 밖의 지역, ⑴ 특히 영남의 낙동강 서안은 가야권이 아니거나, ⑵ 통형고배를 표지로 하는 또 다른 '가야연맹체' 지역일 수 밖에 없다.

공통양식토기 단계의 낙동강 서안이 가야권이 아니라면, 신라권역이 될 수밖에 없는데, 이는 이 시기의 고고자료로 보아 수긍할 수 없다.

또 筒形高杯(도면3~6)권역을 '제2 가야연맹체'로 간주할 수도 없다. 그것은 금관가야의 영역보다 훨씬 광역일 뿐 아니라, 경주를 중심으로 하는 지역까지 가야권역으로 포함시키는 것도 무리이기 때문이다. 더구나 이 '제2

가야연맹체'권역에는 대성동고분군과 복천동고분군을 능가하거나 필적할 만한 탁월한 고분군도 없다.

필자는 이런 의미에서 외절구연고배권역을 금관가야를 맹주로 하는 가야연맹의중추부로, 경주 및 그 주변지역을 제외한 통형고배의 분포지역의 꽤 상당한 지역을 전기가야연맹의 외곽지역으로 이해하고 있다. 즉 외절구연고배 분포지역은 금관가야의 직할지이며, 그 밖의 지역은 금관가야의 관할하에 있는 가야연맹권이었음이 분명하다. 이들 지역은 위에서 지적하였듯이 이 무렵에는 대성동고분군·복천동고분군에 버금가는 고분군이 없음은 물론, 대성동·복천동 고분군이 이 무렵 영남지역의 절대적으로 탁월한 고분군이라는 점에서도 십분 보증된다. 통형고배 분포지역이 외절구연고배를 중추부로 하는 가야연맹권이었다는 것은, 적석목곽묘 분포지역만이 신라권역이 아닌 바와 같은 논리이다. 즉 적석목곽묘 분포지역은 신라의 중추부이며, 적석목곽묘가 아닌 수혈식석곽묘 지역은 신라의 외곽지역, 혹은 경주와 정치연합관계에 있음과 마찬가지의 의미인 것이다.

그렇다면 여기에서 공통양식토기에 있어서의 외절구연고배(도면1·2)와 통형고배(도면3~6)와의 관계가 문제가 된다.

이 무렵 가야연맹의 맹주적 위치에 있었던 금관가야는 직할지는 '외절구연고배'를, 영향권하에 있었던 그 밖의 지역에는 '통형고배'를 쓰도록 하여, 연맹의 중추부와 주변부를 구분하였던 것으로 생각된다.

그런데 이 통형고배의 중심지역은 (1) 이러한 고배들이 출토되는 4세기대의 고분군이 다른 지역에 비해, 함안 및 그 주변지역에 밀집 분포하고 있는 점, (2) 함안지역에 苗沙里·于巨里 가마에서 보듯, 이 시기의 도질토기의 거대 가마群이 존재하고 있는 점, (3) 고식도질토 기의 이후의 전개로 보아, 함안지역이었을 것으로 판단할 수 있다.

금관가야의 중추부는 지금 여기에서는 상술할 수는 없으나 여러 가지 고고학적 정황증거로 보아, 함안을 토기생산거점으로 특히 중요시하였던 것으로 추측된다. 함안지역의 이러한 토기가 영남의 각지에 분배되었거나 또는 강력한 영향을 끼친 소산이, 낙동강하류역을 제외한 全 영남의 筒形高杯圈化였다고 생각된다.

다시 강조하지만 이와 같이 본다면, 금관가야는, 그 중추부는 외절구연고배권, 그 외곽 관할지는 통형고배권으로 二分되는 구조였던 것으로 정리할 수 있다.

그렇다면 이 시기에 마찬가지의 통형고배권에 들어 있었던 경주 및 그 주변지역에 대하여는 어떻게 생각해야 할까.

한마디로 이 무렵 경주는 위에서 언급하였듯이 함안에 중심을 둔 筒形高杯圈下에 있어서, 토기문화상의 '아이덴티'는 확인되지 않는다고 하는 이 사실은, 문헌사학의 보편적인 인식과는 달리, 4세기대의 신라는 가야에 비해 그다지 평가할 만한 존재가 아니었음을 웅변해 주는 것이다. 즉 이때는 신라가 가야에 비해 열세의 위치에 있었다.[9] 대성동고분군이 존재한 시기에 경주지역에 대성동고분군을 능가하는 고분이 없다는 점도 이를 뒷받침해 주고 있는 것이다.

신라가 토기문화상 명백한 개성을 지니는 것은, '二段交互透窓高杯'(도면7·8)와 '圓筒形長頸壺'가 출현하는 5세기 이후의 일이다. 구체적으로는

---

9) 다소 반복되는 감이 있으나, 이는 경주지역의 도질토기의 출현시기가 낙동강하류역보다도 훨씬 늦다는 데서도 보증된다. 이를테면 낙동강하류역에서는 도질토기가 주1) ④의 글 Ⅰ단계-3세기 말-부터 출토되고 있으나, 경주지역은 함안지역과 마찬가지로 Ⅲ단계-4세기 2/4분기-부터 나오고 있음이 그러하다.
申敬澈, 「陶質土器의 登場」, 『釜山大學校 考古學科 創設20周年 記念論文集』, 2010.
申敬澈, 「陶質土器의 발생과 확산」, 『考古廣場』 第11號, 2012.
그리고 적석목곽묘가 등장하기 전까지의 경주지역 목곽묘의 규모가 낙동강하류역의 대성동고분군·복천동고분군의 그것에 비해 매우 열세라는, 묘제의 면에서도 확인된다. 경주지역 묘제의 매장주체부가 비약적으로 커지는 것은 황남동 109호분 3·4곽으로 상징되는 적석목곽묘 출현부터이다.

이러한 토기들이 初出하는 동래 복천동 21 · 22호분과 경주 황남동 109호분 제3 · 4곽부터이다. 개성적인 이러한 신라양식토기는, 기왕의 공통양식토기와 一劃을 긋는 것으로, 적석목곽묘의 출현과 궤를 함께 하고 있는데, 이 사실은 이 때부터 신라가 비로소 영남지역의 강자로 부상하였음을 뜻한다.

한마디로 대성동고분군이 존재한 시기가 전기가야이자, 이른바 금관가야—가라—이며, 이 시기의 가야는 흔히 일컫는 '연맹'이 아닌 거대한 '단일 정치체'임을 각별히 유념해야 한다. 가야가 연맹체라 불릴 수 있는 것은 대성동고분군 축조중단 이후에 전개되는 시기의 가야부터이다.

2. 대성동고분 축조중단과 가야의 재편

대성동고분군의 축조중단에 의해 전기가야는 해체된다.

이미 통형동기를 소재로 전기가야의 해체의 과정에 대해 살펴본 바 있는데[10], 서력 400년 高句麗軍의 南征으로, 전기가야 중추부의 일원이었던 복천동고분군의 이탈에 따라, 금관가야는 얼마 후 사실상 몰락한다. 즉 庚子年 고구려군이 지금의 東萊—복천동고분군—까지 南下하여, 이 지역을 점령함에 따라 낙동강서안의 대성동고분군을 중심으로 하는 가야의 세력은 얼마 후, 이 지역을 포기하며 해체의 수순을 걷는 것이다. 이를 보여주는 가장 가시적인 증거가 전기가야의 중핵, '대성동고분군 축조중단'이다. 그 시기는 나의 연대관으로는 서력 420~430년의 무렵이다. 김해지역에서는 대성동고분군만이 축조가 중단되는 것이 아니다. 상세히 검토하면 양동리, 망덕리 같은 김해지역의 유력고분군도 사실상 동시에 축조가 중단되고

---

10) 申敬澈, 「筒形銅器論」, 『福岡大學考古學論集—小田富士雄先生退職記念—』 2004.

있다. 이후 김해지역은 中小古墳群만이 잔존하고 난립하며, 대성동고분군 같은 중심고분군이 없어 구심점이 사라진다.

　대성동고분군은 금관가야의 해체만을 뜻하는 것은 아니다. 이를 기점으로 한반도남부사회는 재편될 뿐 아니라, 일본열도사회에도 엄청난 파장을 미친다.

　그 동안 누누이 강조하여 왔듯이, 영남지역의 경우 대성동고분군의 축조중단과 동시에 신라양식토기의 성립, 積石木槨墓의 등장—경주 황남동 109호분 3·4곽·—이 그것이다. 이는 후술하듯이 이때 비로소 신라가 영남의 강자로 등장함을 뜻한다. 한편 일본열도의 경우도 대성동고분군의 축조중단을 기점으로 初期須惠器의 등장, 甲胄의 定型化, 마구의 출현 등, 문화적으로 갑작스러운 커다란 변화가 간취된다. 뿐만 아니라 그 동안 大和盆地에 자리잡고 있었던 大古墳群도 해안지역인 河內평야로 이동한다, 古市, 百舌鳥고분군이 그것이다.[11]

　대성동고분군을 비롯한 김해지역의 유력고분군의 축조중단은, 이때 이들 세력이 다른 곳으로 조직적으로 移住하였음을 말한다. 후술하듯이 이 주처로서의 유력한 곳의 하나는 고령을 중심으로 하는 영남의 내륙이며, 또 다른 유력한 곳은 위에서 말한 지금의 大阪의 남부, 河內평야이다. 그것은 가야의 도질토기의 재현이라 할 수 있는 須惠器의 대규모 생산유적인 陶邑유적을 비롯하여 마구 및 정형화한 갑주가 이 지역에서 집중적으로 출토되고 있는 점에서 엿볼 수 있다. 낙동강하류역의 가야세력이 주축이 된 가야의 이주민이 정착한 바로 이곳에 일본 중기의 대고분군인 古市, 百舌鳥 고분군이 자리를 잡는 것은, 일본 中期古墳의 시작과 대성동고분군의 축조중단이 밀접한 관련이 있음을 단적으로 말해 주는 것일 것이다.

---

11) 주6)의 글.

즉 일본열도의 古墳時代의 前期에서 中期로의 전환은 일본열도 자체의 발전에서가 아니라, 가야의 정세변동과 연동되는 것으로 단정해도 좋다.

Ⅳ. 후기가야의 구조

고식도질토기단계에 영남의 절대적 강자였던 금관가야는 광개토대왕 비문에서 보듯 서력 400년 고구려군의 영남지역의 남정으로 몰락한다.[12] 그 가시적 증거가 금관가야의 정점이자 전기가야의 중핵이었던 대성동고분군의 축조중단이었다. 뿐만 아니라 토기문화에서도 급격한 변화가 간취된다.

대성동고분군 축조중단 이전의 토기문화는 '외절구연고배권'과 '통형고배문화권'이라는 지역색을 띠기는 하였으나, 토기양식상에서는 어디까지나 '공통양식'이라는 단일토기양식이었던 것이, 대성동고분군 축조중단을 기점으로 영남의 토기문화는 일변하여, '가야양식토기'와 '신라양식토기'라는 二大樣式土器로 분화한다. 가야양식토기는 공통양식토기의 계보를 잇는 데 비해, 신라양식토기는 대표적 器種인 '二段交互透窓高杯'(도면7·8)와 '圓筒形長頸壺'의 특징에서 알 수 있듯이 공통양식토기와는 一劃을 긋

---

12) 금관가야 몰락의 과정은 庚子年-서력 400년-고구려군의 南征으로, 금관가야의 핵심 세력의 하나였던 동래 복천동고분군집단의 금관가야 정치연합의 이탈에서 비롯된다. 금관가야 정치연합의 정점에 있었던 대성동고분군집단은 이후 20~30년 정도 버티다가 서력 420~430년경에 조직적으로 김해를 떠난 것으로 생각된다. 즉 '대성동고분군 축조중단'이다.

申敬澈, 「大成洞古墳群 發掘調查의 成果와 課題」, 『大成洞古墳群과 東亞細亞』(第16回 加耶史國際學術會議), 金海文化院, 2010.

이와 같이 고고자료로 접근하는 한, 庚子年 南征에 나섰던 고구려군은 동래―지금의 부산―에는 도달하였으나, 낙동강을 渡江하지 못한 것으로 생각된다. 이 문제는 별도로 언급할 기회가 있을 것이다.

는 듯한 극히 개성적인 토기문화이다. 이러한 이대양식토기문화는 諸가야가 신라에 병합·멸망되는 6세기 중엽까지 존재한다.

신라양식토기문화는 最古의 신라양식토기가 출현하는 복천동 21·22호분과 경주 황남동 109호분 제3·4곽의 예에서 알 수 있듯이 대성동고분군 축조중단에 바로 이어 출현한다. 이 신라양식토기문화의 등장은 적석목곽묘의 출현과 함께 신라가 영남지역의 강자로 부상하였음을 알리는 가장 가시적인 신호이다. 이는 대성동고분군 축조중단의 직접적인 원인이 서력 400년의 고구려군의 對加耶軍事作戰인 이상, 신라가 영남지역의 강자로 부상한 것은 독자적 성장에 기인한 것이 아니라, 고구려군 남정에 편승한 데서 비롯된 것임을 웅변하는 것이다. 즉 신라 급부상의 배경은 서력 400년 南征한 고구려 군사력이었던 것이다.

당시 영남지역의 사정을 잘 반영하고 있는 이러한 토기의 양식과 형식으로 보아 금관가야를 맹주로 하는 전기 가야연맹은, 대성동고분군 축조중단 이후에 親新羅系加耶와 非新羅系加耶로 분열된다.

'친신라계가야'란 낙동강하류역을 비롯해, 신라양식토기내의 지역형식이 존재하는 창녕, 경산·대구, 성주 등의 지역을 말하며, '비신라계가야'란 가야양식토기내의 특징적인 토기형식이 존재하는 세 지역, 이른바 대가야, 아라가야, 소가야를 가리킨다. 말하자면 금관가야를 맹주로 하는 전기가야연맹은 고구려군의 對영남지역 군사작전으로 와해되어, 크게 '친신라계가야'와 '비신라계가야'로 二分되는 데다, 다시 '비신라계가야'는 대가야, 아라가야, 소가야로 갈라지는 것이다.[13]

---

13) 이 개념의 대강을 申敬澈, 「五世紀における嶺南の情勢と韓日交涉」, 『謎の五世紀を探る』 讀賣新聞社, 1992에서 언급하였으나, 당시는 소가야지역에 대한 조사의 미진으로 보고의 '소가야연맹'을 누락시킨 것이었다.

그런데, 최근 토기양식을 통한 이러한 구상에 대한 반대의견이 개진되었다. 특히 신라양식토기분포권역을 '친신라계가야'로 간주하는 데 대한 비판이 그것인데, 신라양식토기

즉 공통양식토기단계의 가야는 금관가야를 맹주로 한 전기가야연맹은 신라양식토기와 가야양식토기의 二大樣式土器단계가 되면 친신라계가야, 대가야, 아라가야, 소가야로 나누어지는 것이다. 이 사실은 공통양식토기단계에 상대적으로 신라에 優位에 있었던 가야는 대성동고분군 축조중단을 기점으로 逆轉되어, 신라에 비해 열세로 돌아 섰음을 의미한다. 이는 고분군의 규모, 부장품 등의 고고자료에서도 잘 뒷받침되고 있다. 그러나 이와 같이 四分된 지역의 성격과 구조는 각각 판이하였다. 이에 대해 살펴 보도록 하자.

1. 親新羅系加耶

친신라계가야란 위에서 언급하였듯이, 기왕의 가야지역이었던 곳이, 고구려군의 남정을 기점으로 신라와 정치적인 친연관계를 맺었던 지역을 뜻하는 것으로, 엄밀한 의미에서 가야라 할 수는 없는 곳이었다. 따라서 고구려군의 南征으로 원래의 가야였던 곳이, 사실상 신라영역으로 편입된 지역이거나 신라와 정치 문화적으로 보다 긴밀한 관련을 지닌 곳이라 할 수 있다.

이의 가장 대표적인 곳이 낙동강하류역의 금관가야였다.

낙동강하류역은 고구려군의 主標的이었다. 대성동, 복천동, 양동리 고분군의 筒形銅器의 소유(도면19)에서도 알 수 있듯이, 고구려군의 군사작전으로 금관가야의 핵심세력이었던 복천동고분군집단의 이탈에서 비롯된

라 할 것이 아니라, 경주양식, 창녕양식으로 설정하여, 각각의 토기양식지역을 고유의 수장권-왕권-을 보유한 小國으로 간주해야 한다는 것이다. 경청할 만한 의견이다. 이하의 본문에서는 이 견해를 함께 고려하여 주었으면 한다.

김두철, 「신라·가야의 경계로서의 경주와 부산」, 「신라와 가야의 경계」(영남고고학회 창립 30주년 기념 제23회 정기학술발표회), 2014.

금관가야의 동요는, 급기야 5세기초~전엽의 어느 시점 대성동, 양동리 고분군의 축조중단으로 완전히 붕괴된다.[14] 금관가야의 사실상의 몰락이자 전기가야연맹의 와해이다.

이후 대성동, 양동리 고분군과 같은 대형고분군이 사라진 김해지역을, 토기 등의 고고자료로 보아 정치적으로 신라쪽으로 돌아선 복천동 고분군이 관할한다. 말하자면 대성동고분군의 축조중단 전까지는 대성동고분군이 낙동강하류역을 직접 관할하였으나, 이후는 복천동고분군이 김해를 비롯한 낙동강하류역을 통치하는 것이다.[15] 대성동고분군집단이 건재하였을 무렵의 금관가야는 가야의 最盛期로, 신라의 우위에 있었으나, 복천동고분군이 김해를 비롯한 낙동강하류역을 지배하게 된 가야는 신라영역에 편입된, 성격이 현저하게 변질된 금관가야였다. 그러나 신라에 편입되었다고는 하나, 경주가 직접 통치한 것이 아니라, 정치적으로 연합하였을 뿐 여전히 在地고유의 수장권은 유지, 존중되었다. 즉 중앙집권적체제가 아닌 정치연합—연맹—체제였다. 문헌사학 일각에서 말하는 신라의 '간접지배방식'이 그것이다. 이를 가시적으로 보여주는 것이 복천동고분군을 비롯한 친신라계가야지역에서 확인되는 고총고분군들이다.

복천동고분군의 경우, 분묘의 계속조영으로 인한 묘역의 부족으로, 제2의 장소로 이동하여 계속 영조되었다. 복천동고분군과 마주치고 있는 남쪽의 蓮山洞고분군이 그것인데, 여러 정황증거로 보아 복천동고분군과 연산동고분군은 동일계보·동일집단임이 틀림없다.

보통 『삼국사기』의 서력 532년의 기사 '金官國主 仇亥의 신라투항'을 금관가야의 멸망으로 이해하고 있으나, 이는 적확히 말해 복천동, 연산동고분군 집단의 신라투항을 가리키는 것으로, 지금까지 낙동강하류역에 대한

---

14) 주10)의 글.
15) 주5)의 글.

신라의 '간접지배방식'에서 '직접지배방식'으로 전환하였음을 의미하는 것이다. 이 점은 연산동고분군의 종언과 '구해의 신라투항'이 연대적으로 잘 일치하고 있는 점에서도 증명된다. 이후 부산지역에서는 대형고분군이 존재하지 않는다. 따라서 서력 532년의 仇亥투항은 신라가 연산동고분군집단의 수장권을 박탈하였음을 뜻하는 것이며, 대성동고분군의 축조중단이야말로 금관가야의 사실상의 몰락인 것이다.

낙동강하류역에서 간취되는 신라의 이러한 '간접지배방식'에서 '직접지배방식'으로의 전환은 다른 친신라계가야지역에서도 확인된다.

이를테면 신라양식토기내의 一型式인 '창녕식토기'가 분포하는 비사벌의 창녕의 경우, 계남리, 교동, 송현동 고분군과 같은 고총고분군의 존재는 재지의 강력한 수장권이 유지되었음을 말하는 것이며, 이러한 고총고분군이 축조가 중단되었다는 것은 수장권의 박탈, 즉 신라의 이 지역에 대한 '직접통치'로 전환하였음을 말하는 것이다. 특히 교동고분군의 하한이 561년 건립의 진흥왕 순수비와 연대적으로 일치할 가능성은 지극히 크다. 즉 진흥왕 순수비는 이 지역에 대한 신라의 직접통치로 전환하였음을 보여주는 표지인 것이다.[16]

신라양식토기권역에서 비사벌과 대조적인 곳은 경산 임당동고분군이다. 임당동고분군의 부장토기는 주지하듯이, 경주 중심부의 토기이거나, 이를 충실히 따른 것이어서 이곳은 그야말로 신라와 정치적으로 밀접한 관련을 가진 곳이거나, 신라의 직접 영향력 아래에 들어 간 곳이라 여겨도 좋은 것이다. 이에 반해 창녕의 비사벌의 토기는 기본적으로 신라양식토기이기는 하나, 매우 개성적인 '창녕식토기'를 독자적으로 소유하고 있어, 비사벌은 경산지역과는 달리 의연히 매우 강력한 수장권을 보유하였다. 경산과 창녕

---

16) 창녕의 순수비를 변경을 개척하였다는 碑文내용에 의해 拓境碑로도 불리어 지는데, 이는 창녕을 신라가 '간접통치'에서 '직접통치'로 전환하였음 의미하는 것이다.

의 이러한 예로 보아 친신라계가야라 하더라도, 단순히 '친신라계가야'로 일괄적으로 규정할 수 있을 정도로, 단순하지는 않다.

하여튼 신라의 자신감에서 비롯된 532년 복천동·연산동고분군집단의 수장권 박탈에서 시작된 신라의 對친신라계가야의 직접통치방식은, 비사벌(창녕)의 예에서 알 수 있듯, 6세기 중엽에는 全친신라계가야지역을 비롯한, 全신라양식토기권역에 적용시키는 동시에 가야정벌에 나서는 셈이 된다.

한편 당시의 일본열도의 對한반도교섭·교류는 가야→신라 중심부(경주)→대가야→백제로 변하였다는 견해가 있다.[17] 그러나 이것은 당시의 경주와 친신라계가야의 관계와 그 본질에 대한 몰이해에서 비롯된 것이며, 당시의 일본열도는 신라의 중심부(경주)와 직접 교섭한 것이 아니라, 친신라계가야의 유력지역, 즉 낙동강하류역과 교섭하였음이 틀림없다. 위에서 언급하였듯이 대성동고분군 축조중단 이후, 비록 낙동강하류역이 親신라지역으로 편입되었다고는 하나, 계속 영조된 복천동고분군의 존재에서 알 수 있듯이, 경주와는 정치연합─연맹─관계에 있었던 만큼, 在地首長權은 그대로 유지되고 있었다. 때문에 대외교섭·교류도 독자적으로 수행하고 있었다. 이를 명백히 증명해 주는 것이, 복천동, 연산동을 비롯한 낙동강하류역의 고분군들에서 출토되는 眉庇附胄, 三角形短甲과 같은 日本系甲冑이다. 당시 경주의 고분에서는 이러한 일본계갑주가 출토되지 않는다. 이점은 당시 일본열도가 신라의 중심부가 아닌, 낙동강하류역과 교류·교섭하였음을 단적으로 말해 주는 것이다. 설혹 경주 중심부와 교섭하였다하더라도 '직접교섭'이 아니라 낙동강하류역을 통한 '간접교섭'이었음이 분명하다. 이는 일본 初期須惠器가 대성동고분군 축조중단무렵과 이후의 낙

---

17) 朴天秀, 「3~6世紀 韓半島와 日本列島의 交涉」, 『한국고고학보』 61, 2006.

동강하류역 도질토기의 색채가 농후하다는 점에서도 더욱 뒷받침해 주고 있다. 따라서 일본열도는 親新羅化한 낙동강하류역과의 교섭을, 신라 중추부와 교섭하였다는 의식은 없었을 것이다.

2. 非新羅系加耶

(1) 大加耶聯盟

대가야는 고령 池山洞古墳群을 정점으로 한 연맹체였다. 그것은 가야양식토기의 一型式인 '고령식토기'(도면15~18)가 분포하는 各地에 유력고분군들이 존재하는 데서도 알 수 있다. 그러나 이러한 유력고분군들은 지산동고분군 정도의 탁월한 고분군이 아니라는 점에서, 지산동고분군을 맹주로 하는 피라미드 구조의 연맹체였음이 분명하다. 이러한 구조를 '縱的聯盟體'로 부르기로 하자.

이러한 위치에 있었던 지산동고분군은 이미 지적이 있듯이, 4세기대의 고령지역에서 지산동고분군집단과 계보관계를 증명할 만한 유력분묘군이 확인되지 않고 있어, 5세기대에 돌출한 것으로 생각된다.

이 지산동고분군의 전단계는 토기형식으로 보아, 5세기 전엽의 고령 쾌빈동의 고분군이다. 그런데 쾌빈동 고분군의 출토토기와 묘제(목곽묘)는 대성동고분군 축조중단무렵의 그것과 동일하다는 점에서, 이들의 出自는 낙동강하류역의 금관가야에 있음이 틀림없다. 단기간 조영된 쾌빈동고분군은 곧 지산동고분군으로 이동한다. 또 지산동고분군 출토의 특징적인 '고령식토기'의 가장 표지적인 器種인, 고배와 장경호의 祖型이 낙동강하류역의 그것에서 구해지는 것은, 고령지산동고분군의 계보가 낙동강하류역에 있음을 더욱 보증하고 있다.

즉 지산동고분군집단과 대가야연맹체내의 유력집단인 합천 玉田고분군

집단은 대성동고분군 축조중단사태로 말미암아, 금관가야 주력의 일부가 이곳으로 이주하여 형성한 것임이 분명하다.[18] 대가야연맹은 상술한 금관가야가 맹주가 된 전기가야연맹과 마찬가지로 연맹체였으나, 전기가야연맹의 중추부는 '외절구연고배권', 주변 관할지는 '통형고배권'으로 구분되는 데 비해, 대가야연맹권은 '고령식토기'로 일원화되어 있다는 점에서 상이가 간취된다.

'대가야'의 원래 국명은 '가라' 혹은 '가야'였다. 마찬가지로 낙동강하류역의 금관가야의 정식국명도 '가라(가락국)' 혹은 '가야'였다. 대가야의 국명이 금관가야의 명칭을 그대로 계승하고 있다는 것은, 대가야가 금관가야를 계승하고 있음을 나타내는 것이다. 대가야란 이러한 인식의 후대적 표현일 것이다.[19]

(2) 阿羅加耶

아라가야의 정식 명칭은 '安邪', '安羅', '阿羅', 즉 아라이다. 아라에 가야란 접미어를 붙인 것은 '아라'가 가야의 일원이었음을 표현하기 위한 것임은 두 말할 필요도 없다.

아라는 토기로 보아 위의 대가야와 달리, 금관가야의 몰락 이후, 통형고배를 기반으로 한 재지의 집단이 독자적으로 성장, 발전한 것으로 생각

---

18) 이러한 가능성을 申敬澈, 「金海大成洞古墳群의 발굴성과」, 『伽倻文化』 第四號, 1991 에서 언급하였으나, 조영제에 의해 상세하게 구체화되고 있다.
趙榮濟, 『西部慶南 加耶諸國의 成立에 대한 考古學的 研究』(부산대학교 대학원 문학 박사 학위논문), 2006.
19) 학계의 일각에서는 전기가야의 중심세력을 금관가야, 후기가야연맹의 맹주를 대가야로 이해하려는 견해가 있으나 이는 잘못이다. 대가야는 이미 지적하였듯이 후기가야의 諸 연맹체를 압도할 정도의 세력은 아니었다.
申敬澈, 「古代의 洛東江과 榮山江」, 『韓國의 前方後圓墳』, 백제연구 한일학술회의, 충 남대학교 백제연구소, 1999.

된다. 또 이 아라가야는 대가야와는 달리 연맹체가 아니라, 말산리·도항리 고분군집단이 '함안식토기' 분포권역을 직접 관할한 것으로 보인다. 그것은 '함안식토기' 분포권역에 유력고분군이 확인되지 않으며, 말산리·도항리 고분군이 독보적이라 할 정도로 탁월한 고분군이라는 데서 알 수 있다. 따라서 아라가야는 이런 의미에서 일원적 통치구조를 가진 것으로 보아도 좋다.

(3) 小加耶聯盟

소가야는 당시의 국명은 아니다. 고성에 기반을 둔 古自國이 원래의 국명이다. 소가야란 명칭은 고령에 본거지를 둔, '가라' 즉 '대가야'에 대한 一然의 상대적 인식일 것이다.

소가야도 이미 상세한 연구가 있듯이 '水平口緣長頸壺'(도면9·10)와 '水平口緣鉢形器臺'(도면11)를 표지로 하는 지역에 형성된 연맹체였다. 이러한 '水平口緣壺'와 '수평구연발형기대'의 토기권역내에는 다시 一段長方形透窓高杯(도면13)·二段交互透窓高杯(도면14)圈과 三角形透窓高杯(도면12)圈의 지역색이 간취된다. 여기에다 대가야연맹과는 달리 연맹의 정점을 이루는 탁월한 고분군이 확인되지 않는다. 이를테면 일단장방형투창과 이단교호투창고배권의 대표적 고분인 고성 松鶴洞古墳群과 삼각형고배권의 중심고분으로 생각되는 산청 中村里古墳群은 상호 우열을 가릴 수 없는 유력고분군이다. 수평구연의 호와 발형기대권역에는 지금 충분한 조사가 진행되고 있지 않아 不明인 점은 많으나, 현재 발굴조사중인 합천 三嘉 고분군과 같은, 송학동고분군과 중촌리고분군과 같은 유력고분군이 몇 군데 더 존재할 것으로 생각된다.

이와 같이 ① 수평구연장경호(도면9·10)·수평구연발형기대(도면11)를 공통의 토기로 하는 토기권내에 다시 일단장방형투창고배(도면13)·이단교

호투창고배(도면14)권과 삼각형고배(도면12)권이라는 소지역권이 확인되는 점, ② 이러한 토기권내에 특정 탁월한 고분군이 아닌 상호 대등한 유력 고분군이 복수로 존재하는 점에서 이 지역은 연맹체를 형성하였음이 틀림 없다. 그리고 이러한 점으로 보아, 이 연맹체는 지산동고분군을 정점으로 하는 大加耶聯盟型의 '縱的聯盟體'가 아닌, '橫的聯盟體'였다.

이러한 '횡적연맹체'의 구조는 문헌의 '浦上八國'의 이미지와 잘 부합되므로, '소가야연맹체'는 포상팔국임이 틀림없다. 이 점은 古自國이 포상팔국의 一國이라는 문헌의 기록에서도 증명된다.

포상팔국의 이름은 『삼국사기』와 『삼국유사』에 209와 212년의 '포상팔국의 난'의 기술에서 등장한다. 그런데 이들 문헌의 초기기록의 신빙성 문제로, 문헌사학자들 사이에 포상팔국의 연대에 대한 의견이 분분함은 다 아는 바와 같다.

그러나 위와 같은 고고학적 관점에서 포상팔국의 형성은 5세기 후반으로 확정할 수 있으며, 따라서 '포상팔국의 난'도 일러도 5세기 후반의 일이 된다. 보다 적확히 말하면 소가야연맹이 보다 굳건해 지는 5세기말 이후의 일일 것인데, 이하에 언급하듯이 포상팔국의 대상이 사실상 신라영역이라고 한다면, 포상팔국 연합체의 최성기에 '포상팔국의 난'이 일어났음이 틀림없다. 따라서 '포상팔국의 난'의 보다 좁혀진 時點은 금후의 치밀한 고고학적 검토에서 저절로 드러날 것이고, 한편 포상팔국의 공격의 대상이 209년은 '가라'로[20], 212년은 '신라'로 표현되어 있는데, 209년과 212년의 기사가 동일사건을 기술한 것인지, 다른 사실을 묘사한 것인지는 알 수 없으나, 포상팔국의 난이 5세기 이후의 일이라면, 그 대상은 이미 '親新羅化'한 낙

---

20) 서력 209년의 포상팔국의 공격대상을 『삼국사기』「신라본기」에는 '가라'로 동 「열전」(물계자전)에는 '아라국'으로 기술되어 있어, 혼란을 주고 있는데, 『삼국사기』의 포상팔국의 난이 『삼국유사』의 포상팔국과 동일사건일 가능성이 높다는 점에서 '가라'일 가능성이 크다고 생각된다. 본문의 서술은 이를 전제로 한 것이다.

동강하류역—정확히는 복천동·연산동고분군 집단—을 가리킬 가능성이 극히 높다고 생각된다. '가라'는 원래 낙동강하류역의 금관가야를 지칭하는 것이며, 5세기 후반대의 낙동강하류역을 '남가라'로 지칭하는 문헌기록의 예 등에서 209년의 포상팔국의 공격대상인 '가라'는 낙동강류역을 말하는 것임이 틀림없기 때문이다. 또 212년의 공격대상인 신라도, 이 무렵의 낙동강하류역은 親新羅化하였으므로, 낙동강하류역을 신라로 간주하였을 것이라는 점에서, 낙동강하류역을 가리킬 가능성은 극히 높다.

V. 총괄정리

以上에서 언급해 왔듯이, 가야의 출발은 대성동고분군의 축조에서 비롯된다. 즉 변한에서 가야로의 전환이다. 동시에 일본열도에서도 '야요이(彌生)'시대에서 '고훈(古墳)'시대로 전환한다. 대성동고분군의 출현에 따른 여파로 생각된다.[21] 낙동강하류역의 금관가야를 맹주로 하는 '전기가야'는 '外折口緣高杯권'만을 연맹권역으로 하는 것이 아닌, 보다 광역권의 연맹체였다. 이 사실은 국내의 고고자료로서는 확인할 수 없는데, 일본열도의 初期須惠器를 통해서는 이를 유추할 수 있다. 즉 대성동고분군 축조중단으로 상징되는 금관가야의 사실상의 몰락으로, 가야주민의 일본열도 移住에 의해 생성된 일본 初期須惠器에 낙동강하류역(금관가야), 서부경남(아라가야) 및 영산강유역의 토기요소들이 반영되는 점은 극히 중요하다. 이는 금관가야의 몰락과 전기가야연맹의 와해에 따른 가야연맹주민의 동요에 의

---

21) 주3) ③의 글.

한 일본열도 이주의 소산임이 분명하기 때문이다. 따라서 전기가야연맹권 역은 이러한 初期須惠器로 보아 낙동강하류역을 중추로, 통형고배권의 상당한 지역이었으며, 영산강하류역도 가야연맹권역, 혹은 정치적인 친연지역이었을 가능성도 크다.[22]

대성동고분군 축조중단이 의미하는 바는 크다.

그것은 대성동고분군 축조중단과 동시에, (1) 신라의 경우, 신라양식토기가 성립되고, 적석목곽묘가 출현하는 점, 이것은 이때부터 정체성을 띤 신라가 처음으로 부상함을 의미하는 것이며, (2) 일본열도의 경우 初期須惠器가 초현하면서 일본열도의 大古墳群이 大和盆地에서 해안지역인 河內平野로 이동하는 현상이 간취되기 때문이다. 여기에서 상술할 수는 없으나, 위의 사실들의 역사적인 의의는 매우 중요하다.

금관가야의 사실상의 몰락으로 기왕의 가야는 친신라(친신라계가야)권과 비신라(비신라계가야)권으로 二分되며, 비신라계가야권은 다시 대가야연맹, 아라가야, 소가야연맹으로 분열된다.

한편 가야 연구자들 중에는 이러한 대가야를 과도하게 평가하는 경향을 보이는데, 그러나 대가야는 이와 같이 분열된 후기가야의 하나에 지나지 않는 것이었다. 따라서 가야의 최성기는 대성동고분군이 존재한 전기가야 때였으며, 후기가야는 전기가야에 비해 현저하게 약화된 가야라 하지 않을 수 없다. 대가야도 예외는 아니다. 이 점에서 대가야는 어디까지나 후기가야의 一地域聯盟體에 지나지 않는 것이다.[23]

---

22) 申敬澈, 「日本 初期須惠器의 發現」『東아시아 속의 韓·日關係』(釜山大學校 韓國民族文化研究所 '97國際學術大會), 1997.
23) 최근 대가야는 '연맹체'가 아니라, 고대국가라는 의견이 제시되었다.
　　김세기, 「대가야연맹에서 고대국가 대가야로」『5~6세기 동아시아의 국제정세와 대가야』(고령군·대가야박물관·계명대학교 한국학연구원), 2007.
　　그러나 대가야가 연맹체가 아니라는 것은 지산동고분군과 옥전고분군의 관계를 보더라도 납득할 수 없다. 그리고 여기에서 말하는 고대국가의 의미를 알 수 없으나─중앙집권 대성동고분군 축조중단으로 금관가야의 핵심세력은 여러 곳으로 이주한 것으로 생각된다.

初期須惠器를 비롯한 고고자료로 볼 때, 주요세력의 일부는 일본열도로, 또 다른 일부는 영남의 내륙을 선택하였다. 후자는 위에서 언급하였듯이 대가야였다. 이 때문에 대가야는 금관가야를 계승하였다는 뜻에서 국명도 금관가야의 국명인 '가라'를 그대로 따랐다. 즉 대가야 지배집단은 금관가야 지배집단의 후예였을 가능성이 지극히 높은 것이다. 一然도 이 때문에 금관가야의 '대가락국'(대가라)에 이어, 고령의 가야를 '대가야'(대가라)로 인식하였던 것이다.

그러나 이러한 대가야도 대성동고분군 축조중단과 동시에 성립된 것은 아니었다. 그것은 다소의 불안정한 시기를 지나, 지산동고분군을 대가야 지배집단의 항구적 묘역으로 선택한 지산동 35호분의 시기—5세기 3/4분기—부터였다.[24] 연맹의 형성은 이보다 늦어, 옥전고분군이 연맹의 가장 유력한 구성원으로 가담하는 합천 玉田 M3호분—5세기 4/4분기—부터였다.

한편 아라가야는 대가야와는 달리 재지의 세력에 의해 성장한 가야였다.

소가야연맹의 경우, 지배집단의 출자는 토기로 보아, 아라가야 以西의 諸集團이 대가야연맹의 형성에 자극되어 결집하였다고 생각된다.

이와 같이 전기가야의 단일정치체에서, 후기가야가 되면 몇 개의 그룹으로 분열되는데, 정치적으로 신라에 기울이지 않은 凡加耶圈은, '종적연맹

체제를 고대국가로 한 듯—대가야가 고대국가였다면, 금관가야도 모든 고고학적인 지표로 보아, 고대국가로 규정하더라도 하등 이상하지 않다. 물론 필자는 금관가야를 고대국가로 이해하고 있다.

24) 조영제도 강력하게 시사하였듯이, 고령 쾌빈동고분군은 지배자집단의 임시묘역이었으며, 지산동고분군으로 묘역을 옮겨 항구적 묘역으로 선택하였을 때부터가 대가야의 체제가 안정되는 시기였다.
趙榮濟 주 12)의 글.

체'의 대가야연맹, 관할영역의 직접통치구조였던 아라가야, 複數의 유력고분군이 대등하게 정치연합한 '횡적연맹체'의 소가야연맹으로 구성되었다.

이것이 가야의 전반적 모습이자 이미지이다.

여기에서 금관가야 몰락 이후의 일정기간의 가야지역의 토기를 '型式 亂立期의 가야토기'로 규정한 趙榮濟의 견해[25]를 주목하지 않으면 안 된다. '형식 난립기의 가야토기'란 대성동고분군 축조중단이 상징하는 금관가야의 몰락 이후, 小文의 '非新羅系加耶', 즉 대가야, 아라가야, 소가야의 특징적인 토기양식이 출현하는 5세기 중엽까지인 20~30년가량의 '비신라계 가야지역의 토기를 통칭하는 것이다. 즉 대성동고분군 축조중단부터 '비신라계지역'의 各政治體의 체제안정시기까지의 불안정기를 '토기형식의 난립기'로 표현한 것이다. 따라서 가야지역의 토기형식의 '난립기'란 곧 가야지역의 '혼란기'를 말한다. 바꾸어 말하면 '비신라계가야'지역은 토기형식의 '난립기'에는 정치체가 성립되지 않았거나, 존재하였다 하더라도 매우 불안정하였음 의미하는 것이다.

이와 같이 '비신라계가야'지역이 금관가야의 몰락—대성동고분군 축조중단—이후 일정한 공백기간—토기형식 난립기—을 거친 후, 다시 諸가야—대가야, 아라가야, 소가야—의 정치체가 등장하는 점은, 이 무렵 경주중추부, 혹은 '친신라계가야'지역의 그것과는 사뭇 다르다.

신라중추부와 '친신라계가야'지역은 황성동 109호분 제3·4곽과 복천동 21·22호분의 예에서 알 수 있듯이, 대성동고분군 축조중단과 동시에 개성적인 신라양식토기—臺脚上下交互透窓二段高杯·口頸圓筒形長頸壺—가 성립되고, 적석목곽묘가 출현하면서 아무런 공백없이 지속적으로 발전해 나가는 점이, '비신라계가야'와는 커다란 차이인 것이다.

---

25) 趙榮濟, 윗글 및 「'型式 亂立期'의 가야토기에 대하여」, 『考古廣場』 2, 釜山考古學研究會, 2008.

가야전기에는 가야가 신라를 압도한 반면, 후기가야가 되면 前期와는 달리 逆轉이 되는 것은, 이와 같이 공백기―토기형식 난립기―가 있고 없는 데서 비롯된 것이라 해도 좋다. 즉 혼란기―토기형식 난립기―를 거친 가야지역은 그 만큼 발전이 지체되었던 것이다.

小文에서 특히 강조하고자 한 것은, 첫째 가야전기의 고분과 부장유물에서 언급하였듯이, 가야전기까지는 가야가 정치적, 문화적으로 신라의 우위에 있었다는 사실이다. 이는 신라중심의 역사관을 불식하는 적극적인 근거가 된다. 동시에 이는 한반도 고대사의 진정한 복원의 출발점이 된다. 둘째 일본열도의 '야요이'시대에서 고분시대의 전환, 고분시대 전기에서 중기로의 전환은 일본열도 내부발전에 기초하는 것이 아니라, 전기가야의 유적, 특히 대성동고분군을 비롯한 낙동강하류역의 가야전기의 유력고분군의 소멸과 연동된다는 점이다.

바꾸어 말해 일본고분시대의 시작과 발전은, 가야의 정세변동과 관련되는 것이다.

요컨대 대성동고분군이 한반도남부의 고대사 해명의 관건이며, 동시에 일본열도의 고분시대의 이해에 으뜸가는 가치를 지니는 것이라 할 수 있다.

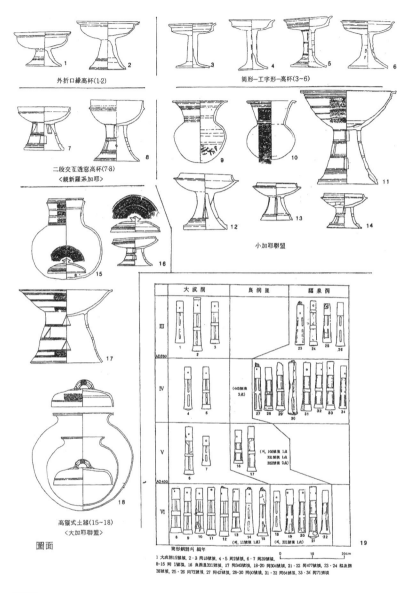

外折口緣高杯(1·2)

簡形-工字形-高杯(3~6)

二段交互透窓高杯(7·8)
〈親新羅系加耶〉

小加耶聯盟

高蹄式土器(15~18)
〈大加耶聯盟〉

圖面

	大成洞			良洞里			羅泉洞		
III AD350										
IV										
V AD400										
VI										

簡形銅鏃의 超年

1 大成洞15號墳, 2·3 同18號墳, 4·5 同2號墳, 6·7 同39號墳
8-15 同 1號墳, 16 良洞里331號墳, 17 同340號墳, 18-20 同304號墳, 21·22 同477號墳, 23·24 縣泉勝
38號墳, 25·26 同73號墳, 27 同42號墳, 28-30 同60號墳, 31·32 同64號墳, 33·34 同71號墳

〈도면〉

김해 대성동고분군의 세계유산적 가치와 활용

심 재 용*

Ⅰ. 머리말

1991년 국가사적으로 지정된 김해 대성동고분군(지정면적 56,762㎡)[1]은 2023년 9월 24일에 함안 말이산고분군과 창녕 교동·송현동고분군, 고령 지산동고분군, 합천 옥전고분군, 고성 송학동고분군, 남원 유곡리·두락리 고분군과 함께 세계유산에 등재되었다.

김해 대성동고분군은 전기가야의 독보적인 고분군[2]이며, 그 외 6개 가야 고분군은 후기가야의 대표 고분군들이다. 현 대성동고분군에는 6개 가야 고분군의 주요 특징인 고총고분(高塚古墳)이 없지만, 고총보다 낮은 봉분이 있었다. 대형묘가 구릉 등성이에 위치하므로 낮은 봉분으로도 고총의 효과

---

* 김해시청
1) 대성동고분군의 세계유산 지정구역의 면적은 약 30,600㎡로 사적 지정면적보다 좁다.
2) 함안 말이산고분군과 합천 옥전고분군에도 4세기대 목곽묘가 조성되지만, 목곽의 크기와 부장유물의 양질에서 김해 대성동고분군과 확연히 구별된다.

를 준다.

김해 대성동고분군의 세계유산 등재가치는 '1~5세기 가야연맹을 구성했던 금관가야 대표 고분군으로, 가야정치체가 공유한 고분의 여러 가지 속성의 이른 시기 유형을 잘 보여 준다'는데 있다. 따라서 대성동고분군의 등재가치에 해당하는 속성들을 명확히 밝히고, 대성동고분군의 공간적 범위 재설정 및 고분군의 입지, 봉분의 복원을 통해 대성동고분군의 경관을 살펴보고자 한다.

끝으로 대성동고분군의 관리 및 활용방안에 대한 방향성을 제시하고자 한다.

II. 김해 대성동고분군의 등재가치(OUV)

'**탁월한 가치**'는 독보적이거나 유일하며, 대표적이라고 인정받을 수 있는 가치이며, '**보편적 가치**'는 우리에게만 소중한 가치가 아니라 민족과 국경을 넘어서 세계 인류 모두에게 소중한 공동의 가치를 뜻한다.

구분		등 재 기 준
문화유산	III	현존하거나 이미 사라진 문화적 전통이나 문명의 독보적 또는 적어도 특출한 증거일 것
		'가야고분군'은 주변의 중앙집권적 고대국가와 병존하면서도 연맹이라는 독특한 정체체계를 유지했던 가야문명을 실증하는 독보적인 증거로, 동아시아 고대 문명의 한 유형을 보여주는 중요한 유적임

대성동고분군은 1~5세기 가야연맹을 구성했던 **금관가야 대표 고분**

군[3])으로, 가야정치체가 **공유한 고분**의 여러 가지 **속성**의 **이른 시기 유형**을 잘 보여주는 무덤유적이다.

가야고분군이 공유한 대표적인 속성[4]은 대형 무덤의 입지 및 순장습속, 후장(厚葬 유물의 다량부장), 수혈식석곽묘의 사용, 동북아시아 교류의 주역 등 5가지이다. 이에 대해 살펴보고자 한다.

1. 대형 목곽묘의 입지

대성동고분군의 전기목곽묘는 고분군 구릉의 북쪽 말단 정선부와 북동쪽 미구릉에 위치하지만, 후대의 훼손 때문인지 숫자가 많지 않다.

대형 목곽묘들은 3세기부터 5세기 중기까지 구릉정선부를 따라 위치하며, 중소형 목곽묘가 배묘(陪墓)로써 대형 목곽묘를 에워싸기도 한다. 그 외 중소형 목곽묘는 구릉의 사면과 미구릉, 평지에 조성된다.

세계유산 가야고분군의 대형 무덤들은 시인성이 뛰어난 구릉의 능선 정상부를 따라 조성되는데, 고분 외형의 웅장함을 통해 최상위 지배층의 권위를 과시하기 위한 것이다.

면적이 30㎡ 이상인 초대형 목곽묘는 왕급묘이며, 왕급묘에 대성동 45·46·29·13·70·88·2·3·1·7호분이 해당한다. 이 왕급묘의 주위에 다수의 중소형 무덤을 배치하기도 한다.

세계유산 가야고분군 중 3세기~5세기 전기의 대형 목곽묘는 대성동고

---

3) 사적지정구역에서 10차례의 발굴조사를 통해, 목관묘 86기, 목곽묘 100기, 수혈식석곽묘(이하 '석곽묘') 43기, 횡혈식·횡구식 석실묘 8기, 옹관묘 24기, 토광묘 5기, 지석묘 2기, 석관묘 1기 등 총 269기의 무덤이 조사되었다. 목관묘는 2세기 전반, 목곽묘는 3~5세기 전반, 석곽묘는 5세기 후반부터 6세기 전반까지 중심 묘제로 사용되었다.

4) 정치적 신분질서 체제하의 상징물로서 왕자(王者)의 묘인 고분(古墳)이 3세기 말부터 등장하며, 고분의 요소로 立地의 우월성, 副槨, 武器의 個人集中化와 鐵製武具, 殉葬의 증거 등이 있다는 견해(신경철 1992)를 참고하여 가야고분군의 공유 속성을 선정하였다.

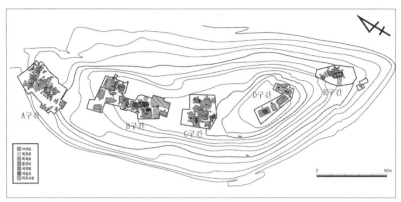

〈도면 1〉 대성동고분군의 묘제별 입지[심재용, 2019, 그림68]

분군에만 있다.

2. 순장

순장(殉葬)은 주피장자의 영원한 삶을 전제로 그를 위해 계속 봉사할 수 있는 사람들을 함께 매장한 장례습속이다.

순장 습속이 대성동고분군에서 가장 먼저 등장하며, 순장자는 무덤 주인의 발 너머 혹은 양팔 옆, 머리 바깥, 그리고 목곽 바깥에 묻혔다.

대성동고분군의 순장묘는 목곽묘 22기와 수혈식석곽묘 1기가 있으며, 수혈식석곽묘는 85호분으로 5세기 말기에 해당한다.

순장자는 목곽 안에 주로 안치되는데, 대성동고분군에서는 다양한 순장 유형이 조사되었다. 대성동 91호분의 순장자는 목곽 안에 5명, 목개(木蓋) 위에 1명, 목곽과 묘광 사이의 충전 공간에 2명이 놓여 있었다. 대성동 88호분에서는 충전 공간의 아랫단에서 여성 1명, 남성 1명이, 윗단에서 여성 1명이 확인되었다. 이러한 '충전토 순장'은 대성동 91호분보다 약 100년 뒤의 고령 지산동 73호분에서도 확인된다. 이외에 대성동 70·3·25호분의

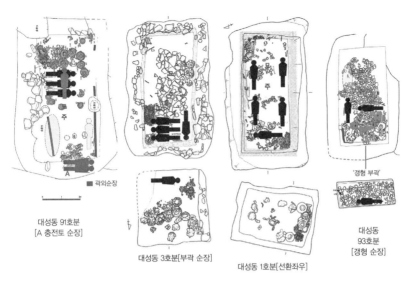

■ 곽외순장

대성동 91호분
[A 충전토 순장]

대성동 3호분[부곽 순장]

대성동 1호분[선환좌우]

'갱형 부곽'

대성동
93호분
[갱형 순장]

〈도면 2〉 대성동고분군의 순장유형

부곽 안에 순장자 1명을 안치(부곽 순장)하였으며, 대성동 93·85호분의 순장자는 묘주의 발 너머에 만든 장방형·타원형 구덩이(갱형坑形 순장)에 1명씩 안치되었다.

4세기대 가야와 신라를 통틀어 대성동고분군에서 가장 많은 순장 무덤이 확인되고, 순장자 수는 최소 2명에서 8명까지 다양하다. 5세기에 들어서면 순장 무덤이 중형 목곽묘까지 확대되지만, 5세기 전반 후반부터 대성동고분군에서 초대형 무덤이 사라지고 순장 무덤도 거의 소멸한다. 반면에 5세기 중기부터 함안 말이산고분군과 고령 지산동고분군, 창녕 교동·송현동고분군에서 대형 무덤과 순장묘가 출현한다.

대성동고분군의 목곽 내 순장자 배치는 4세기대 주피장자의 발 너머에 순장자를 직교하게 배치하는 양상에서 5세기 초 주피장자의 좌우에 순장자를 배치하는 '선환좌우(旋環左右)'의 형태로 정형화된다(김수환 2018).

함안 말이산고분군과 창녕 교동·송현동고분군은 순장자가 묘주의 발 너머에 2명 이상 매장되며, 고령 지산동고분군은 '충전토 순장'과 '봉분 내 다곽식 순장묘'가 특징이다. 전자의 두 고분군은 대성동고분군의 주곽 내 순장자 위치에서 계보가 이어지고, 고령 지산동고분군의 '충전토 순장'과 '다곽식 순장'은 대성동고분군의 '충전토 순장'과 목곽 내 '선환좌우'의 원리에서 비롯되었음을 알 수 있다(김수환 2018).

3. 후장(厚葬, 유물 다량 부장)

김해 대성동고분군과 양동리고분군의 대형 무덤에서 후장은 죽은 자를 위해 유물을 다량으로 부장하여 장사를 후하게 지내는 습속이며, 주로 대형 목곽묘에서 확인된다.

전기목곽묘에는 토기보다 철기를 다량으로 부장하지만, 3세기 말기부터 토기들을 무덤 주인의 발 너머에 다량으로 부장하기 시작한다. 이 유물 다량 부장 습속의 정점은 목곽묘에서 부곽(副槨, 딸린 무덤)이 등장하는 대성동 29호분이다.

대성동 29호분은 100년 뒤에 만들어진 대성동 39호분과 고려시대의 기와 가마에 의해 목곽 일부가 파괴되었고, 도굴로 인해 많은 유물들이 사라졌지만, 토기 56점, 금동관 1점, 동복(청동솥) 1점, 철촉 304점, 철도 3점, 철검 2점, 철부 8점, 판상철부 43점[5], 철겸(낫) 1점, 철착(끌) 5점, 집게 2점, 낚시바늘 3점, 도자(손칼) 2점 등이 확인되었다. 29호분의 유물들의 양질은 같은 시기 영남지역의 다른 목곽묘보다 월등하며, 5세기 전기까지 이러한 양상이 지속된다.

특히 4세기 중기부터 철로 만든 마구(馬具)와 금동·청동제 장식마구가

---

5) 대성동 29호분 출토 판상철부의 수량은 91매 이상으로 추정된다.

부장되고, 로만글라스(서역계유리용기) 파편도 대성동 91호분과 70호분에서 출토되었다. 4세기 후기부터는 철제 갑(甲, 판갑옷, 비늘갑옷)·마면주(馬面胄, 얼굴가리개)와 철정(덩이쇠), 농·공구류가 다량으로 부장된다.

4. 수혈식석곽묘의 시원지

대성동고분군에서 수혈식석곽묘는 4세기 말기의 초부터 출토하지만, 중·하위층의 묘제로 사용되었다.

5세기 중기부터 수혈식석곽묘가 대성동고분군의 중심 묘제로 채택되지만 중·소형급이 중심을 이루며 대형급은 5세기 후기의 대성동 73호분만 해당한다. 대성동 73호분은 그 규모와 유물로 볼 때 금관가야 최고지배자의 무덤으로 추정되지만, 같은 시기의 이혈 주부곽식묘인 복천동 22호분·11호분과 달리 부곽이 없는 점에서 대성동고분군의 왕권과 금관가야

〈사진 1〉 금관가야산 유물

대성동 35호분(4세기 말기 초)

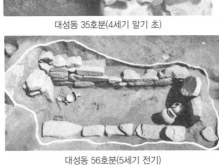
대성동 56호분(5세기 전기)

대성동 73호분(5세기 후기)

〈사진 2〉 대성동고분군 수혈식석곽묘

의 국력이 많이 약해졌음을 알 수 있다.

　대성동 73호분 다음 단계의 대형 석곽묘가 아직 조사되지 않았지만, 73
호분의 남동쪽에 근접하여 대형 수혈식석곽묘의 개석으로 추정되는 큰 돌
이 땅에 박혀있다. 따라서 대형 수혈식석곽묘가 구릉의 남동쪽 구릉 말단
부와 김해공설운동장 건설로 사라진 구릉에 존재했을 것으로 추정된다. 그
리고 구릉정선부에 5세기 말기~6세기 전기의 중·소형 수혈식석곽묘가 계
속 만들어지며, 마구와 갑주 등이 부장되는 점에서 쇠퇴기이지만 대성동
73호분 단계부터 사회가 안정화된 것으로 판단된다.

5. 동북아시아 대외교류의 주역

3세기 말기에서 5세기 전기까지 대성동고분군에는 금관가야가 철자원을 매개로 중국과 북방의 여러 나라, 특히 전연·동진과 직접 교류했고 왜와도 활발한 인적·물적 교류를 맺고 있었음을 입증하는 유물들이 많이 출토되었다.

전연에서 들여온 금동·청동제 사치품(용문양 허리띠, 그릇, 의장용 말갖춤 등)과 서역계유리 등은 대성동 최상위 지배층들의 기호품에 해당한다.

왜의 유물들은 의례용 무기로 철기를 사용하는 대성동 최상위지배층의 기호품으로 볼 수 없다. 왜에서 온 의례용 무기류는 파형동기가 부착된 방패(화살통)와 응회암제 화살촉, 창의 손잡이 장식인 통형동기 등이 있다. 이렇듯 왜에서 온 유물들은 왜가 금관가야에 전적으로 의존했던 철 자원의 지속적인 확보를 위해서 금관가야 왕가가 왜인들을 통솔할 수 있는 권위를 인정하는 헌상품으로 봐야 할 것이다.

무엇보다도 왜 유물들이 출토되는 대성동고분군 무덤에는 왜 유물보다 가치가 큰 중국·북방산 위세품 혹은 금관가야산 철제무구·무기·농공구, 철정 등이 다량으로 부장된다. 따라서 파형동기와 통형동기를 일본산이라 하여도 고대 일본이 4~6세기의 2백년간에 걸쳐서 한반도 남부를 근대의 식민지와 같이 경영하였다는 '임나일본부'설은 결코 성립할 수 없다. 오히려 금관가야가 왜를 상대로 철소재와 철기의 유통을 완벽히 통제하였다는 것을 입증해주는 자료에 불과하다.

한편, 고구려 남정의 여파로 금관가야는 5세기 중기부터 쇠퇴의 길로 들어갔으며 5세기 후기까지 외래 유물이 출토되지 않았다. 금관가야 쇠퇴기에 대성동고분군에서 조사된 대형 무덤은 목곽묘 93호분과 석곽묘 73호분 뿐이며, 두 무덤에서 국제교류와 관련된 유물이 출토되지 않았다. 그러나

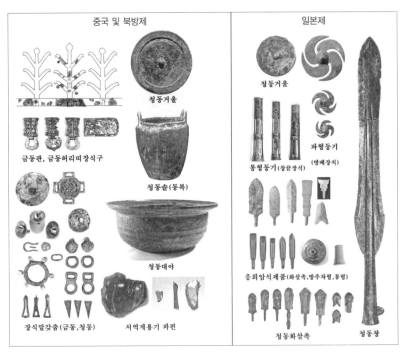

중국 및 북방제	일본제

청동거울

금동관, 금동허리띠장식구

청동솥(동복)

청동대야

장식말갖춤(금동,청동)

서역계용기 파편

청동거울

통형동기(창끝장식)

파형동기
(방패장식)

응회암석제품(화살촉,방추차형,통령)

청동화살촉

청동창

〈사진 3〉 대성동고분군 출토 외래 유물

5세기 말기의 석곽묘인 대성동 85호분에서 일본에서 유행하던 직호문(直弧文, 직선과 곡선을 섞은 무늬) 녹각 유물이 출토되는 점에서 5세기 말기부터 일본과의 교류가 다시 시작된 것으로 추정된다.

이렇듯 가야고분군이 공유한 대표적인 속성들은 대성동고분군에서 시작되었다.

Ⅲ. 김해 대성동고분군의 범위와 경관

1. 대성동고분군의 범위

　대성동고분군의 면적은 3.06㏊, 송학동고분군의 면적은 3.16㏊로 7개소의 가야고분군 중 좁은 편에 속한다. 그러나 일제강점기인 1914년에 도리이 류조가 찍은 유리건판 중 '김해읍과 봉황대구릉'으로 적힌 사진(사진 4-1)에 대성동고분군 구릉이 남쪽의 봉황대구릉 근처까지 뻗어 있으며, 이는 1954년에 찍은 김해지역 항공사진(사진 5-우)에서도 잘 확인된다. 그리고 도리이의 사진 중 '수로왕릉 부근 고분'이라고 적힌 사진 3장(사진 4-2[6])이 있는데, 이 3기의 '수로왕릉 부근 고분'이 수로왕릉의 북서쪽에 위치한 대성동고분군(이하 '애구지')에 있었던 것으로 추정된다. 따라서 대성동고분군의 원래 범위는 현재의 범위와 다름을 알 수 있다.

　현재의 대성동고분군으로 축소된 이유는 1967년 공설운동장을 만들기

봉황대구릉과 대성동고분군 (左)　　　　　수로왕릉 부근 봉토분 (2)

〈사진 4〉 국립중앙박물관 소장 도리이 류조 촬영 유리건판[좌 130178/ 우 130166]

---

6) (사진 1-2)의 봉분을 谷井濟一가 찍은 사진을 통해 봉분 높이가 당시 남자의 키보다 약
　간 컸음을 알 수 있다.

위해 '애구지'의 남쪽 능선을 잘라냈기 때문이다.[7] 주민들의 전언 및 가야의 숲 조성 구간(현 수릉원)의 시굴·발굴조사에서 조사된 무덤들을 통해 이 구릉 역시 대성동고분군의 일부임을 알 수 있다.

한편, 대성동고분군의 북쪽에 위치한 구지로 구간에서 목관묘 15기와 목곽묘 40기가 조사되었고, 구지로 구간부터 서쪽으로 약 60m 떨어진 가야사조성사업 주차장부지내 구간(이하 '주차장 구간')의 고려시대 읍성 아래에서 3세기 전기에서 4세기 전기까지의 목곽묘 5기가 조사되었다. 양 구간 사이는 대성동고분군 북쪽 구릉의 끝부분으로 1954년 이전의 어느 시점에 높

〈사진 5〉 대성동고분군 항공사진[좌 2021년, 네이버 / 우 1954년 국토교통부 국토정보지리원]
※ 조사구간 : 1 주차장부지, 2 구지로분묘군, 3 10차, 4·5 V지구, 6·7 가야의 숲, 9 한옥체험관부지

7) 김해의 유지들과 연로한 주민들의 전언에 의하면 공설운동장 조성 시 이곳에서 토기를 비롯한 엄청난 수량의 유물이 나왔다고 한다(경성대학교박물관, 2003: 194).

은 부분을 파서 평탄화했던 것으로 추정된다. 이러한 양상은 2000년 대성동고분군 주변지역 시굴조사와 2022년 대성동 10차 발굴조사를 통해서도 확인할 수 있다.

세계유산구역 외 구간의 면적 약 3.1ha을 대성동고분군의 범위에 포함하면 약 6.16ha로 넓어진다. 사라진 고분군 구간들의 존재를 상정하면 고분군의 범위 확대 외에 대성동고분군의 잃어버린 고리들을 조금이나마 찾아볼 수 있다.

첫째, 가야의 숲 서쪽 미구릉에서 수장급묘인 3호 목관묘가 조사되었는데, 이 목관묘의 시기가 1세기 후엽이고, 기원전 1세기 후반의 석개목관묘 등을 볼 때 사라진 가야의 숲 미구릉에 기원 전후의 목관묘가 존재했을 가능성이 높다.

둘째, 3세기대의 목곽묘는 현 대성동고분군의 북쪽 미구릉과 북서쪽 10차 구간, 주차장·구지로 구간에서 다수 확인되었으며, 목곽묘들 중 대성동 45호·46호·주차장 1호·구지로 38호묘는 대형급에 속한다. 따라서 사라진 북쪽 미구릉에 2세기 말부터 3세기 후기까지의 대형 목곽묘가 있었을 것으로 추정된다.

셋째, 현 대성동고분군의 남동쪽 구릉 정선부에 5세기 3/4분기에서 4/4분기까지의 73호분 대형 수혈식석곽묘와 중소형 수혈식석곽묘가 조성되었다. 그리고 가야의 숲 구간 중 서쪽 미구릉에서 6세기 전반의 중·소형급 수혈식석곽묘들과 7세기 전반의 횡혈식석실묘 1기가 조사되었다. 또 7세기 후반의 횡혈식석실묘 1기가 현 한옥체험관부지에서 확인되었다. 그러므로 5세기 말기~6세기 전반대의 대형 수혈식석곽묘가 남동쪽 말단 정선부와 가야의 숲 구간의 구릉 정선부에 있었을 것으로 추정된다.

2. 대성동고분군의 경관

1) 대성동고분군의 입지

신석기시대부터 해수면이 상승하여 고김해만이 성립하고, 3,500년 BP 무렵 이후가 되면 상승하던 해수면이 안정되면서 점진적인 해퇴가 발생하여 2,300년 BP(미보정) 무렵에는 홀로세내에서 가장 해수면이 낮았던 것으로 알려지고 있다. 2,000~1,800년 BP 무렵(기원전 1세기~기원후 2세기)에는 다시 해수면이 재상승·안정되었다. 그리고 이때의 해수면 고도는 2.6m, 조차를 고려하면 1.2m로 홀로세시기 중에서 가장 해수면이 높았다고 한다(김정윤, 2009).

대성동고분군에서 목관묘는 애구지 구릉 주능선 말단부와 주변 평지에 조성된다. 구릉 서쪽의 V지구 15호 목관묘 바닥 깊이가 해발 약 4m이고, 남쪽의 '가야의 숲' 3호 목관묘의 바닥 깊이가 약 5.4m로, 대성동고분군 일대의 최저 생활면은 해발 약 2.6m로 추정된다.

대형 목곽묘는 구릉 주능선부에 조성되고, 중소형 목곽묘가 대형 목곽묘에 근접하거나 사면부와 평지에 조성되며, 구릉 서쪽의 V지구 27호 목곽묘(4세기 후기) 바닥이 해발 약 4.7m이다. 그리고 4세기 후기의 부원동 626-10번지의 주거지 바닥이 해발 약 2.7m이고 ㈜봉황초등학교 내 가야토성의

〈도면 3〉 고김해만과 가야고분군(김정윤, 2009 개변)

외벽 최하단이 해발 약 1m이므로, 3~5세기 대성동고분군 일대의 최저 생활면은 해발 약 1.2m로 추정된다.[8]

현재 대성동고분군 구릉 주능선상의 최정상부는 해발 약 22m, 최저부는 해발 약 10m로 추정되며, 이 구릉 주능선상에 3세기 전기부터 5세기 말기까지의 대형묘들이 조성된다. 당시 생활면의 해발고도를 고려하면 대성동고분군의 시인성이 매우 높아서 낮은 봉분도 높게 보이는 효과가 컸을 것이다.

2) 봉분의 복원

4세기 중기인 대성동 88호분은 패각이 다량 혼입된 층과 적갈색점질토를 교대로 쌓은 봉토가 약 120㎝ 두께로 함몰되었다. 대성동 70호분은 목개를 밀봉한 녹황색점토층이 덮여 있었고 그 위로 약 120㎝ 두께의 봉토 함몰층이 조사되었다. 5세기 전기인 대성동 1호분 주곽의 묘광 깊이는 최대 300㎝, 최소 183㎝이고 판축상 봉토가 묘광 안에 함몰되어 있어서 봉토의 높이는 묘광의 깊이에서 크게 벗어나지 않을 것이다.

즉 묘광의 깊이가 200㎝를 넘는 대형 목곽묘의 봉토 높이는 4세기 후기에 최소 높이 120㎝, 5세기 전기에 최소 200㎝로 추정할 수 있다.

대형 목곽묘의 봉분의 형태는 알 수 없지만, 목곽묘의 시기에 따른 배치 양상에서 약하게나마 유추할 수 있다. 각 구간별로 **45호분→46호분+54호→29호분+55호**(도면 5-A), **91호분+23호-88호분+미조사묘-70호분+71호+68호**(도면 5-B), **13호분+10호+18호+15호+22호**(도면 5-C), **2호분→3호분→1호분**(도면 1-D), **76호분+78호**(도면 5-E구간)처럼 같은 시기이거나 한 세대 차이가 나는 무덤들의 묘광 가장자리가 서로 겹치거나 2m 이내로

---

8) 고김해만의 해수면은 6세기 후반부터 하강하여 19세기에는 현재의 해수면에 육박한 것으로 추정된다.

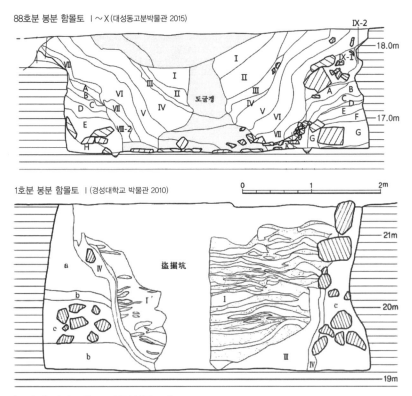

88호분 봉분 함몰토 Ⅰ~Ⅹ(대성동고분박물관 2015)

1호분 봉분 함몰토 Ⅰ(경성대학교 박물관 2010)

〈도면 4〉 대성동 왕급묘 봉분 함몰 토층도

근접해있는 조합이 다수 확인된다.[9]

이를 유형화하면, (도면 5-A)·(도면 1-D)처럼 무덤 조성 순서대로 봉분을 확장해서 만든 Ⅰ유형, (도면 5-B)처럼 왕급묘 1기와 인접묘 1기의 봉분을 이은 연접분이 군을 이루면서 하나의 묘역을 갖춘 Ⅱ유형, (도면 5-C)처럼 왕급묘의 주변에 배묘를 설치하여 하나의 봉분으로 보이게 만든 Ⅲ유형으로 분류할 수 있다.

이 3가지 봉분 유형들은 봉분 혹은 묘역의 장변이 약 21m 내외로써 고

---

9) '**굵은 글씨**'는 초대형묘(왕급묘)이고, '+'는 초대형묘와 근접한 무덤, '→'는 조성 순서를 말한다.

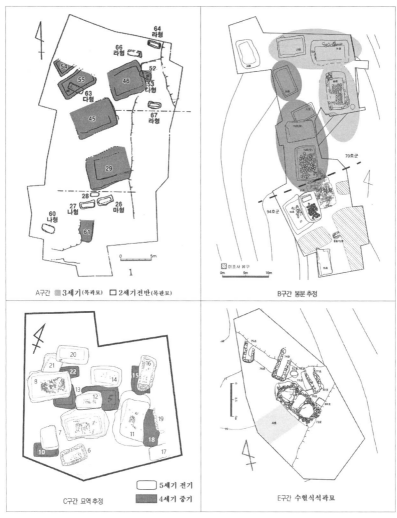

〈도면 5〉 대성동고분군 시기별 목곽묘 묘역 및 봉분 추정도[심재용, 2019, 그림69 개변]

령 지산동고분군 중 가장 빠른 고총고분인 73호분의 봉분 규모(길이 23m, 너비 22m)와 비슷하다. 지산동 73호분에서 확인되는 충전토 내 순장의 원형이 대성동 91·88호분인 점에서도 대성동고분군의 봉분 유형들은 지산동 73호분의 봉분처럼 하나의 확장된 봉분 혹은 하나의 묘역으로 봐야 할 것이다.

한편, (도면 5-C)와 (도면 5-E)에서 보이는 무덤간 중복 현상은 단순히 앞 시기의 무덤과 계통이 다르기 때문이 아니라, 한정된 범위 내에서도 계층별로 무덤 조성구간이 정해져 있었기 때문에 후대의 묘역 조성 시 앞 시기의 무덤이 확인되어도 피하지 않고 원래의 계획대로 새로운 묘역을 조성한 것으로 보인다.[10] 그러나 대성동고분군 주능선상의 봉분 유형들이 3가지로 나뉘는 것은 신속 관계 및 직계와 방계 등 혈연적 관계와도 연관이 깊은 것으로 추정된다. 이 세 가지 유형의 입지와 분묘의 시기, 분묘의 규모를 비교 검토한 결과, 표 1과 같은 두 개의 계열이 확인된다.

〈표 1〉 대성동고분군 최상위 지배층묘의 계보

91호분 계열의 초대형묘[11]는 무덤의 규모나 유물의 양질에서 왕·왕비묘이며 인접한 중대형묘는 배묘로 추정된다. 묘제는 보수성이 강하며 특히 왕급묘가 더 강하기 때문에 왕급묘에 이혈 부곽이 13호분보다 1분기 늦은 70호분부터 채용된다. 그리고 고분군의 가장 높은 곳에 이혈주부곽식 초대형목곽묘인 2[12]·3·1호분이 순차대로 조성되는데, 이는 왕권이 절정에 이르렀음을 뜻한다.

---

10) A구간의 25호분과 39호분은 왕급무덤군보다 한 계층 낮은 묘역에 해당한다. 즉 4세기 ~5세기 전반 왕급 무덤군은 39호군의 남쪽에만 조성되는 것으로 봐야 할 것이다. 이 역시 계층에 대한 입지선택, 즉 입지의 우월성이 작용한 것이다.

11) 적색은 왕급묘이고 밑줄은 Ⅰ유형, 음영은 Ⅱ유형을 뜻한다.

12) 2호분은 현재 부곽이 없지만, 4세기대 대형묘에서 대호들의 부장위치가 단독곽은 발치에, 주부곽식은 부곽에 주로 부장되는 점과 주부곽식의 부곽이 고상식임을 고려하면 대호들이 없는 2호분 역시 주부곽식묘로 추정된다.

대형급묘인 13호분 계열(Ⅲ유형)은 중·소형묘가 이혈주부곽식목곽묘 주위를 둘러싸고 있는 전형적인 주묘와 배묘이며, 파형동기 또는 갑주류, 통형동기 등을 볼 때 최상위지배자묘로 판단된다. 그러나 무덤의 규모는 91호분과 비슷하나 도굴 때문인지 몰라도 13호분에는 91호분에서 출토된 금동·청동제 장식마구[13)]와 청동용기, 마구가 부장되지 않는다. 따라서 대성동 13호분은 29호분 묘주의 직계 후손이 아닌 방계로 추정되지만, 묘제가 이혈주부곽식묘이고 시상으로 돌을 사용한 점에서 직계에 버금가는 권력을 지닌 방계의 무덤으로 판단된다.

또 북쪽 구릉주능선 말단부에 위치한 47호분(4세기 후기)과 25·39호분(4세기 말기)은 이혈주부곽식목곽묘이지만 대형묘에 해당하여 차상위지배층묘 혹은 왕의 방계로 추정된다.

이를 정리하면, 4세기 후기부터 5세기 전기까지 초대형 목곽묘의 높이가 최소 120㎝에서 최소 200㎝로 높아지며, 구릉정선부와 주변 일대의 최저 생활면 간 해발 차이가 약 9m에서 약 21m까지 나는 것을 알 수 있다. 무엇보다도 대성동고분군의 남쪽에 위치한 봉황동유적에 교역항이 있었고, 고분군의 서쪽이 기수역이란 점을 고려하면, 가야 당시의 대성동고분군의 경관은 매우 탁월했음에 틀림이 없다.

Ⅳ. 김해 대성동고분군의 관리 및 활용방안

유네스코 세계유산위원회에서는 등재를 결정하면서 7개 고분군 전 지역

---

13) 91호분에는 88호분과 70호분에서 출토된 진식대금구가 보이지 않지만, 용문양이 투조된 운주 2점이 출토되어 왕묘로 추정된다.

에 대한 홍보 전략 개발과 통합 점검(모니터링) 체계 구축, 지역공동체 참여 확대에 대한 사항을 권고하였다(강동석, 2023: 43). 따라서 각 지자체는 이 권고 사항을 중심으로 유산 관리 고도화를 통해 신뢰성을 높여야 하며, 이를 위해 ①지역공동체의 관리 주체성 강화, ②가치 위협요소 해소를 위한 복원기준 마련, ③탁월한 보편적 가치(OUV) 신뢰성 제고를 위한 연구 활동 강화를 추진해야 한다(강동석, 2023: 62).

Ⅱ장에서 대성동고분군이 가지고 있는 탁월한 보편적 가치 속성을 검토하였고 Ⅲ장에서 대성동고분군의 범위와 봉분을 재검토하였다. 그 결과 대성동고분군은 고총고분군으로 상징되는 타 가야고분군이 가지는 경관 및 연속유산으로써 공통된 속성들의 원형(原型)에 해당하고, 이를 통해 대성동고분군의 OUV의 신뢰성을 재확인할 수 있었다.

김해시는 2024년 6월에 '세계유산 가야고분군—대성동고분군' 표지석 설치를 끝으로 세계유산 등재를 포함한 '대성동고분군 종합정비사업'을 일단락지었지만, 앞으로 세계유산위원회의 권고 사항을 충실히 이행할 예정이다.

먼저 2024년 올해까지 가야고분군 통합관리기구를 설치하여 내년인 2025년부터 가야고분군의 체계적인 통합관리를 수행할 수 있도록 적극적으로 노력할 것이다.

유네스코 세계유산위원회의 세계유산 보존관리 방향은 단순한 보호가 아닌 세계유산이 속한 공동체의 삶의 질 향상과 함께 사회적·경제적 발전을 도모하는데 목표를 두고 있으며, 이를 위해서 세계유산에 대한 지역공동체의 관리 주체성 강화를 강조하고 있다.

대성동고분군의 북쪽과 동쪽, 남쪽에 각각 금관가야의 건국신화가 깃든 구지봉과 수로왕릉, 대성동고분군을 조성한 집단의 생활유적지이면서 왕성인 봉황동유적이 위치한다. 이 유적들은 모두 국가사적으로 지정되어 김해시에서 관리하고 있지만, 이 국가사적 주변 일대는 현 김해시의 주 도심지이어서 현재도 개발 압력이 강한 곳이다. 즉 금관가야 왕도 유적지는 도심 속의 문화적·환경적 허브 역할을 담당하고 있지만, 세계유산지구와 국가사적의 가치 훼손 방지 및 보존을 위해 주민들의 재산권 행사를 규제하는 양면성을 지니고 있다.

국가유산구역과 그 주변 500m 이내에서 건축 행위 등을 시행하고자 하면 「문화유산 보호 및 활용에 관한 법률(약칭 문화유산법)」에 따라 건축행위 등의 현상변경안을 승인받아야 하고, 지정문화유산이 매장유산이면 「매장유산 보호 및 조사에 관한 법률」에 따라 지표조사 혹은 발굴(표본·시굴·정밀발굴)조사를 하여야 한다. 이에 지정문화유산이 되면 지정구역과 그 주변 지역은 재산권을 마음대로 행사하지 못한다는 인식이 지역민에게 널리 퍼지고 있다.

이러한 부정적인 인식을 해소하기 위해서는 지역주민들의 상대적인 경제적 빈곤감을 해소하고, 지역주민들이 세계유산 및 가야문화유산을 공동으로 관리하는 자산으로 인식할 때 비로소 이루어질 것이다. 가야고분군 세계유산 등재로 대성동고분군을 찾는 방문객이 급증하고 있다.

김해시는 대성동고분군을 포함한 금관가야 왕도유적들을 벨트화하여 가야역사관광자원으로 활용할 계획이며, 구지봉 문화유산구역과 대성동고분군의 북쪽 완충지대를 가로지르는 도로를 지중화하여 가야 당시의 경관을 복원하고, 대성동고분군과 수로왕릉을 연계하는 장기계획을 구상하고 있다.

또 세계유산 및 국가·시도지정유산구역의 규제에 대한 안내 및 상담 프로그램을 마련하여 지역 주민들의 재산권 관련 민원에 선제적으로 대응하여야 한다. 그리고 역사문화권 정비법을 활용하여 세계유산 경관 거점·디자인 가이드안 마련 및 완충구역 내 마을 발전 방안 등을 지역주민들과 공동 의제로 수립·선정하여 세계유산의 공동 자산화를 실현해야 할 것이다. 세부적인 사항들은 김해시와 지역 공동체간 상생 협약 체결 및 공모 등을 통해 추진하는 것이 바람직하다.

다수의 경관 포인트에 AR(증강현실)을 설치하고 3D로 대성동고분군의 경관을 복원한 영상을 제작할 필요가 있다.

한편, 관광 및 홍보와 관련된 가야고분군 연계사업으로 올해 9월~10월 운영하는 경상남도와 도내 5개 시군이 함께 추진하는 '세계유산 가야고분군 기념주간'을 더욱 활성화하여야 한다. 그리고 OUV 신뢰성 제고를 위한 연구 활동으로 2024년에 준공하는 '국립가야역사문화센터'와 대성동고분 박물관을 활용하여 가야고분군 및 한일고고자료 디지털 아카이브를 구축할 필요가 있다.

V. 맺음말

김해 대성동고분군의 세계유산적 가치인 '가야고분군이 공유한 여러 가지 속성들 중 가장 이른 유형'에 대해 살펴보았다. 가야고분군이 공유한 대표적인 속성은 대형 무덤의 입지 및 순장습속, 후장(厚葬 유물의 다량부장), 수혈식석곽묘의 사용, 동북아시아 교류의 주역 등 5가지이며, 이러한 속성들이 대성동고분군에서 시작되었음을 밝혀 대성동고분군의 OUV를 명확히 하였다.

한편, 대성동고분군의 공간적 범위는 사적구간 외의 남쪽 구릉과 북쪽 미구릉으로 확대되며, 대형묘의 봉분은 낮은 봉분에서 높은 봉분으로 변화하여 고총고분 직전까지 높아진 것으로 추정된다. 김해평야와 주변 일대는 가야 당시에 바다의 내만이었으며, 대성동고분군 서쪽 일대는 기수역에 해당하여 대성동고분군의 경관 역시 매우 탁월했음을 알 수 있다.

대성동고분군의 관리 및 활용방안은 가야고분군 통합관리기구가 설립 및 운영되면 구체화 될 것이지만, 김해시에서도 유네스코 세계유산위원회의 목표에 부합하는 방안을 모색하고 있다.

본고의 관리 및 활용방안은 시안에 불과하다. 앞으로 가야고분군 통합관리기구가 설립되면 통합관리기구를 중심으로 10개 자치단체 간 연계사업을 늘리는 동시에, 개별 가야고분군에 맞는 관리·활용방안을 마련하여야 할 것이다.

참고문헌

[보고서·도록]

慶南文化財研究院, 2013, 『김해 대성동유적-가야사2단계 조성사업 주차장 부지 내』.

慶星大學敎博物館, 2000, 『金海 龜旨路墳墓群』.

_____, 2000, 『大成洞古墳群』 Ⅰ.

_____, 2000, 『金海 大成洞古墳群』 Ⅱ.

_____, 2003, 『金海大成洞古墳群』 Ⅲ.

_____, 2010, 『金海大成洞古墳群』 Ⅳ.

대성동고분박물관, 2011, 『金海 大成洞古墳群- 68호분~72호분』.

_____, 2013, 『金海 大成洞古墳群 -73호분~84호분』.

_____, 2015a, 『金海 大成洞古墳群 -85호분~91호분』.

_____, 2015b, 『金海 大成洞古墳群 -70호분 주곽, 95호분』.

_____, 2016, 『金海 大成洞古墳群 -92호분~94호분, 지석묘』.

_____, 2017, 『金海 大成洞古墳群 -추가보고 및 종합고찰』.

_____, 2022, 『金海 大成洞古墳群 -96호분~149호분』.

[논문]

강동석, 2023, 「세계유산 가야고분군 어떻게 보존관리할 것인가?」 2023 가야정책포럼 『가야고분군 세계유산적 가치와 관리·활용 방안』 경상남도·경남연구원.

김수환, 2018, 「가야의 순장」 『가야사총론-가야고분군 연구총서 1』 가야고분군 세계유산등재추진단.

김정윤, 2009, 「고김해만 북서부 Holocene 후기 환경변화와 지형발달」 경북대학교 대학원 석사학위 논문.

신경철, 1992, 「金海禮安里 160號墳에 對하여-古墳의 發生과 관련하여」 『伽倻

考古學論叢』1, 駕洛國史蹟開發研究員.

심재용, 2019, 『金官加耶 古墳 研究』, 부산대학교 대학원 박사학위 논문.

심재용, 「김해 대성동고분군의 세계유산적 가치와 활용」에 대한 토론문

이은석 (국립해양문화유산연구소)

- 김해 대성동고분군과 금관가야의 대외 교역

김해 대성동고분군이 세계유산으로 지정된지 1년이 지난 지금, 그 중요성에 대해서는 더 이상 언급할 필요가 없다. 1주년을 기념하는 이번 발표를 보면 武末純一 선생님과 심재용, 이춘선선생님께서 고분구조와 각종 대외교역품 등에 대한 구체적인 자료를 망라하여 시기별로, 유물별로 일목요연하게 체계적으로 잘 정리해 주셔서 이해를 잘 할 수 있었다.

가야가 교역을 중심으로한, 그리고 중계무역과 철제품 수출에 대해서는 이미 많은 자료가 축적되고 있고, 연구가 진행중이다. 武末純一 선생님이 지적하신 철부형 철정의 제작지에 대한 생산 혹은 제작지에 대한 위치 고증은 정확하게 알 수 없으나, 분명 거리가 멀지 않은 것은 분명하다. 현재 국립가야문화유산연구소가 발굴중인 김해 봉황동유적에서는 제철관련 유구는 확인되지 않지만 대형의 송풍관편과 철광석 등이 출토되고 있어 이 일대에서 작업이 이루어졌을 가능성이 매우 높다고 볼 수 있다.

이곳은 추정 왕궁터로 현재 대지 축토와 각종 건물지 등이 5~6세기대에 걸쳐 형성되어 운영되었다고 보고 있다. 그러나 대성동고분군의 5세기 중기부터 쇠퇴기로 본다면, 대지 확장 세력인 실제 거주 세력과 시기적인 차이가 보이고 있다. 이 봉황동 일대가 중심세력 근거지인데, 6세기 초반에도 대형의 무덤을 형성하는 주축인 왕이나 왕족은 거주를 하는데, 무덤의

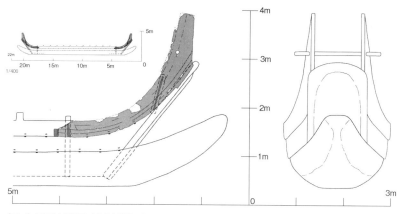

〈도 1〉 김해 봉황동 선박 복원도(柴田 2022)
※ 상단은 전체 추정 복원(약 20×2m)

규모가 축소된 것인지, 아니면 다른 세력이 들어와 점유를 한 것인지, 이를 어떻게 해석해야 하는지 심재용, 이춘선선생님 두 분께 질의 드리고 싶다.

다음으로, 국제교역의 중심인 금관가야가 문헌에서 보이는 철의 수출 등에 대해서 이제는 실체적 접근을 연구할 필요가 있다. 철을 수출하면 과연 어느 정도 선박에 실을 수 있는가? 지금 국립김해박물관에 전시중인 봉황동 출토 선박(추정 규모 20m×2m) 의 적재 중량을 10톤 혹은 11.6톤 정도로 추정하고 있다.(이은석 2023, p142, 柴田昌児·金田 隆, 2024)

그러면 이러한 10~11톤 규모에서 적재량의 50% 이상 철제품을 수출한다면 한번 해상교역에서 5톤 이상 해외로 옮겨갈 수 있는 규모이다. 일본으로 수출하거나 대방으로 수출하는 양이 당시로는 엄청난 규모일 것이다. 이러한 규모를 갖추려면 항구와 공방 등이 집중되는, 앞서 언급한 봉황동유적과 크게 멀지 않을 것으로 판단된다. 이와 관련하여 武末純一 선생님께서는 교역의 대가로 중국의 화폐가 사용되었다고 보고 있으나 저는 물물교환의 방식이 중심이 되지 않았을까, 과연 당시 교역에서 화폐의 가치가 그 역할을 했을지 의문이다. 근대까지도 해상교역에서는 화폐보다는 필요물품의 물물교역이 훨씬 성행하였다. 철제품이 일본으로 수출되면 소량의 최상급 위세품이 이를 대신 하기에는 빈약하다고 생각된다. 일본(왜)에서 보내는 주요물품들은 과연 무엇인지 고민할 필요가 있다.

　마지막으로 김해 양동고분을 만든 세력과 대성동 세력과의 구분을 어떤 기준에서 나눌 수 있는지 묻고 싶다. 1~3세기대 고분의 구조나 출토유물은 대성동세력에 못지 않은 유물의 부장이나 규모를 가지고 있다는 점이다. 물론 교역을 위한 항구 역할을 하는 유하리패총이 창원 내동패총, 성산패총, 고성동외동패총, 해남군곡리패총과 같이 바다에 접한 항구로의 역할을 하면서 일정구간 거주구역이 이루어지는, 해상세력의 기본적인 양상을 모두 가지고 있다. 양동 세력에 대한 여러 차례 발표와 연구가 진행되었고, 단일 고분군의 규모로 볼 때 세계유산 규모에 속할 정도로 대단하다고 판단된다. 각종 수정제절자옥 등은 보물로 지정되었고, 향후 발굴이 폭 넓게 추진되면 각종 중요유물이 엄청나게 출토될 것으로 기대된다. 이에 대한 중요성을 부각시켜 세계유산의 추가 지정도 감안할 필요가 있다. 모두 노력해야 될 사안이며, 김해시에서도 이런 점을 주목해 주시기를 부탁드린다.

참고문헌

柴田昌児, 2022, 「朝鮮半島系準構造船(加耶タイプ)の生産と日韓の造船技術」, 『纏向学研究センター紀要 『纏向学研究』 第10号.

이은석, 2023, 「삼국시대 선박과 항해」, 『고대·교역·도시 그리고 가야』, 창원대학교 경남학연구센터 아라가야학술총서 5.

柴田昌児·金田 隆, 2024, 「朝鮮半島系準構造船加耶タイプの復元と船体構造の検証」, 日本海事史学会 第422回 例会.

심재용,「김해 대성동고분군의 세계유산적 가치와 활용」에 대한 토론문

김수환 (경상남도 문화유산위원회)

-가야고분군의 세계유산적 가치와 속성

심재용 선생님께서는 '대성동고분군은 1~5세기 가야연맹을 구성했던 금관가야 대표 고분군으로서 가야정치체가 공유한 고분의 여러 가지 속성의 이른 시기 유형을 잘 보여주는 무덤유적이다.'라고 서술하였다. 또한 가야고분군이 공유한 대표적인 속성을 나름대로 설정하여 대형 무덤의 입지, 순장습속, 후장(厚葬, 유물의 다량부장), 수혈식석곽묘의 사용, 동북아시아 교류의 주역 등 5가지를 제시하였다. 이러한 속성은 대성동고분군의 역사적 가치를 설명하는데 분명 효율적이다.

하지만 실제 7개 가야고분군을 고려하여 설정한 세계유산 등재 시의 속성과는 다소 차이가 있다. 이때의 가야고분군 속성으로는 지리적 분포, 입지, 묘제(가야식 석곽묘), 부장품(가야토기, 철제무기, 교역품 등) 4가지가 제시되었으며, 이를 통해 다수의 개별 가야정치체가 동질성을 바탕으로 상호 자율성을 인정하면서 수평적 관계를 형성했던 가야의 독특한 정치체계를 나타낸다고 하였다. 이를 기준으로 7개 가야고분군의 가치를 설명하였다.

김해시를 비롯한 7개 지자체에서는 가야고분군의 세계유산으로서의 종합적 가치와 각 개별 가야고분군의 세부적인 가치를 충분히 파악한 후 대국민 홍보를 하고, 가치 확산을 위한 노력이 필요하다고 생각된다. 이에 대한 선생님의 의견을 부탁드린다.

김해 대성동고분군, 새로 찾은 유물들

이 춘 선*

Ⅰ. 머리말

김해 대성동 고분군은 금관가야의 권력자들이 잠들어 있는 공간이다. 고분군은 1990년 6월 처음 발굴 조사되어 2019년까지 총 10차의 발굴조사를 거쳐 많은 유물이 출토되었다.

대성동 고분군 중 중심이 되는 대형 목곽묘에서는 동복, 통형동기, 금동

---

* 국립김해박물관

과대, 등 다양한 지역 교역품이 출토되었다. 이는 김해가 가진 지정학적 위치를 이용하여 일본이나 중국, 한반도 여러 곳으로 이어지는 항구의 운영과 남해안 연안 항로의 장악, 낙동강을 통한 내륙 교통으로 성장한 금관가야의 국제정세를 보여준다. 그러나 화려하고 주목을 받은 유물 이외에 발굴 당시의 열악한 환경 탓에 미처 다 보고하지 못하고 그대로 박물관 수장고로 입고되어 온 유물이 상당수 있다. 그 중 지금까지 보고되지 않은 유물에 대한 관심을 환기시키고 앞으로 금관가야 연구에 새로운 주제를 삼을 만한 기초 연구대상을 소개하는 자리를 마련하고자 한다.

Ⅱ. 신성한 언덕, 권력으로서 경관의 탄생

1) 신성한 언덕

김해 분지는 경운산과 분성산, 임호산으로 둘러싸인 낮은 평지와 소구릉지가 낮게 솟아 있으며 고김해만의 해안을 따라 해반천으로 이어지는 갯골이 형성된 마을 경관을 가지고 있다. 이러한 지리적인 입지에 인간의 점유가 본격화되는 청동기시대 이후 문화적인 경관이 점차 변화하여 봉황대를 중심으로 한 국읍의 도성으로 변모하여 대성동 구릉은 금관가야 왕들의 무덤군이 입지하게 되었다.

청동기시대 전기부터 김해지역은 해안 낮은 저지대를 피해 취락은 고지성집락으로 형성되고 해반천 일대 낮은 구릉지를 중심으로 지석묘가 축조된다. 그러나 청동기시대 후기부터 초기철기시대가 되면 김해 중심권역 구릉지와 선상지 하단부에 지석묘 축조된다. 이 시기 의례기념물로서 지석묘는 집단의례로 이루어지고 구지로 구릉 위 지석묘, 대성동 구릉 위 지석묘, 봉황대 아래 구릉 하단 지석묘가 조성되었다. 그리고 구산동 선상지 취락 아래 대형의 묘역식 지석묘가 조성되었다.

그와 동시기 취락유적으로는 봉황대 인근 회현리 패총이 조성된 구릉일 대이다. 삼각점토대 단계 거대 환호가 조성되고 있고 그 내부에 주거의 중심권역으로 성장하였다.

대성동 지석묘가 축조된 후 원삼국시대 전기까지 대성동구릉은 구지로 구릉의 지석묘와 같이 독립된 공간으로 다른 유구의 흔적이 보이지 않는다. 이는 토착 집단 내 지배계층의 출현을 보여주는 거석 기념물의 의례 공간으로 역할이 지속되었음을 알 수 있다. 김해 연지지석묘, 김해 구산동 지석묘, 구지로 지석묘가 같은 시기 경관을 형성하고 있다.[1]

이처럼 의례의 중심지와 정치적 중심지는 상호 연관성이 가지고 있다. 본격적인 우수한 개인 리더가 등장하는 시기의 무덤은 가야의 숲 1호의 목관묘이다. 이 단계에도 애구지 언덕 아래 저지대에만 목관묘가 조성되고 있어 구릉 상단에 있는 거석 기념물인 지석묘는 집단 내에서는 여전히 의례의 중심지로 역할하고 있었다고 볼 수 있다. 대성동 애구지 지석묘는 기원후 2세기 전반의 79호 목관묘가 구릉의 외곽에 축조되는 점으로 보아 지석묘의 거석 기념물로서 기능은 상당히 오랜기간 동안 유지되었을 가능성이 높다.

이후 개인의 리더가 토착 집단을 아우르며 정치적으로 금관가야의 왕으로서 종교적 의례를 주도하며 집단 내에서 애구지 언덕을 의례적 공간으로 점유하기 시작하는 시점은 대성동 29호가 축조되는 시점으로 볼 수 있다. 대성동 29호분은 구릉 하단에 있지만 해반천을 조망하고 있고 같은 단계

---

1) 이성주, 2018, 「국읍으로서 봉황대유적」, 『김해 봉황유적과 고대 동아시아』, 24회 가야사 국제학술회의.

에 중소형 목곽묘는 구지로와 주차장 부지 일대 해발 10m에도 조성되고 있었다.

이후 국읍으로서 봉황대 구릉의 역할이 구축되고 금관가야가 번영한 4세기 후반 5세기 전반의 애구지의 가장 높은 곳에 1~3호묘가 중복 없이 조성되어 왕의 무덤이 김해만을 조망하는 독보적인 위치에 놓이고 이와 함께 국가의 의례적 공간은 구지로 구릉지가 특별한 의례 공간으로 동시에 작용하였을 가능성이 높다.

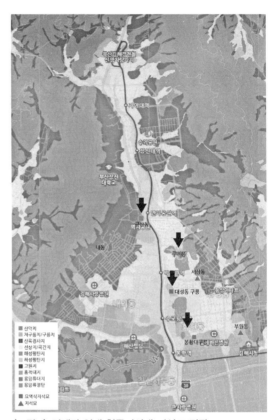

〈그림 1〉 김해만 일대 청동기시대 지석묘 경관

2) 지배자 무덤의 축조

대성동고분군 아래 저지대에는 목관묘가 축조되었다. 구릉지에 목곽묘가 조성되기 시작하면서 분묘역에 공간적 위계가 두드러진다. 특히, 묘광의 규모가 20㎡인 초대형 목곽묘는 금관가야 영역인 대성동고분군 단곽식 14기, 주·부곽식 7기, 양동리고분군 단곽식 6기, 주·부곽식 2기, 복천동고분군 단곽식1기, 주·부곽식 15기로 확인되며[2] 대성동고분군이 압도적이다. 그러나, 대성동고분군 내 목곽묘는 무덤 간의 중복과 교란으로 원형을 알기 어려운 것이 많아 비슷한 축조 방향성을 보이는 양동리고분군과 복천동고분군의 분묘 형식의 비교 검토로 최대한 대성동 대형분의 특징을 살펴보고자 하였다.

무덤의 구조는 애구지 구릉에서 유구의 장축방향, 평면형태, 부장곽의 유무, 보강석의 유무에 따라 장방형 목곽묘-세장방형목곽묘-이혈세장방형목곽묘, 사방 위석식목곽묘[3], 주부곽식 목곽묘-석곽묘로 변화한다. 이러한 분묘 내 부장된 저장용 토기인 단경호와 노형기대, 철정의 부장과 유물형식을 통해 무덤의 단계는 크게 Ⅰ~Ⅸ단계로 구분하였다. 이를 통해 대성동고분군 축조의 방향성을 살펴보고자 한다.[4]

Ⅰ단계는 대성동 45호 목곽묘가 중복으로 전체적인 부장양상을 알 수 없어 같은 단계인 양동리 162호와 구지로 28호 부장양상을 통해 짐작해 볼 수 있다. 유구의 장축방향은 동-서에 등고와 직교하며 평면형태는 장방형이다. 유물은 매장주체부 외곽 모서리에 10매씩의 봉상철부를 부장하고 매장주체부 외곽으로 철기의 부장이 많고 단경호와 노형기대가 소량 부장되었다. 양동리 162호와 같은 단계에 해당한다고 볼 수 있으며 2세기 중후엽으로 설정된다.

Ⅱ단계는 대성동 29호가 대표적이다. 유구의 장축방향은 동-서이고 등고와 직교하며 평면형태는 장방형을 띤다. 유물은 저장용 단경호를 한쪽 단벽에 복수로 다량 부장한다. 다른 쪽 단벽 칸에는 매장주체부 아래 철정

---

2) 심재용, 2019, 「金官加耶 古墳 硏究」, 부산대학교 대학원 박사학위논문.
3) 위석은 목곽을 보강하는 의미의 작은 돌로 돌려진 형태로 상부 적석은 없는 형태로 보았다.
4) 단계는 대성동의 주요 분묘의 축조 방향을 말하며 각 단계에서 연대는 순차적이지 않고 시차가 있는 단계도 있다.

을 다량 부장하고 그 상단부 외곽에는 노형기대와 단경호를 부장하였다. 단경호와 노형기대는 'ㄱ'자로 방향을 다르게 하거나 열을 달리하여 부장하였다. 이와 유사한 부장양상은 대성동 55호분에서 단벽 끝에 2열로 단경호를 놓고 조금 이격된 상태로 노형기대를 일렬로 배치하였다. 29호분으로 연대는 양동리 235호분과 유사하다. 양동리 235호분에서는 160호를 뒤이어 신식와질토기와 고식도질토기의 고배가 공반되며 부장되며 철정 역시 대성동 29호와 유사하다. 낙랑고분과 일본 하시하카(箸墓)고분의 연대를 참고로 3세기 중엽으로 설정한다.

Ⅲ단계는 대성동 91호, 108호로 유구의 장축방향은 동—서이고 등고와 직교한다. 유구의 평면형태가 장방형이며 91호의 부장칸에 순장 인골이 확인되었는데 유구의 주축과는 반대로 인골은 남—북으로 놓았다. 108호분의 유물은 한쪽 장벽으로 매장주체부를 붙이고 그 아래에 철정을 관대처럼 사용하였다. 중소형 목곽인 주차장 부지 2호 목곽묘에서도 철정을 시상대로 사용하였다. 양동리 58호묘와 같이 단경호를 일렬로 놓고 측면에는 노형기대를 부장하는 전통이 지속되었다.

91호분은 29호에서 구릉상단에 이격되어 위치하며 같은 단계에 해당하는 중소형 목곽묘는 구릉 말단부에서 확인된다. 91호분의 마구와 패제 장신구를 통해 선비계로 보아 그 연대를 4세기 중엽[5]으로 설정하기도 하며 삼연계로 보아 삼연의 마장식구의 패제운주의 출현연대를 3세기 후반으로 보는 견해도 있다.[6] 도질토기의 연대로 보아서 3세기 후반에서 4세기 초로 볼 수 있다. 이 사이에 소형분의 조성은 구릉말단부에서도 확인되고 있으나 29호분과 91호분 사이의 구릉부에서 왕묘급의 조사가 이루어지지 않아 약간의 시간적인 공백이 있을 수 있다.

---

5) 심재용, 2019, 전게서, p.25.
6) 박천수, 2018, 『가야문명사』 진인진.

〈도표 1〉 대성동 고분 무덤 축조형태와 유물배치로 본 단계

단계	무덤 축조 형태	유물배치	단계	무덤 축조 형태	유물배치
I	 45	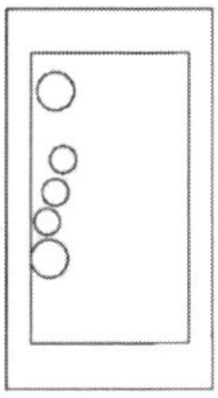 구지로 28	V	70	
II	29		VI	2	
III	91		VII	1	
IV	13		VIII	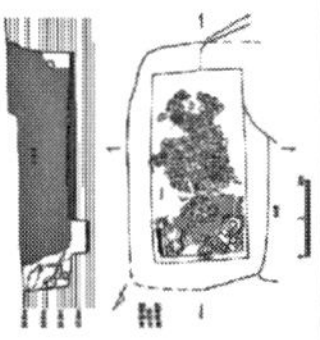 93	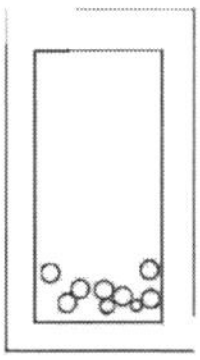
			IX	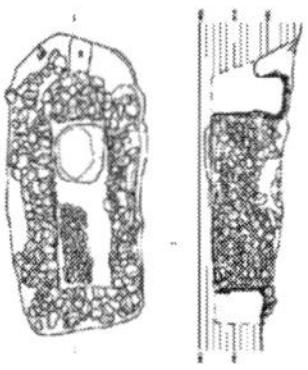 73	

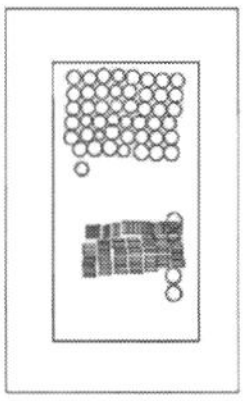

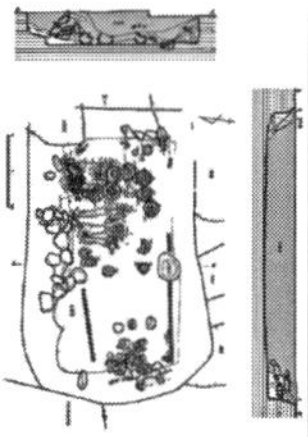

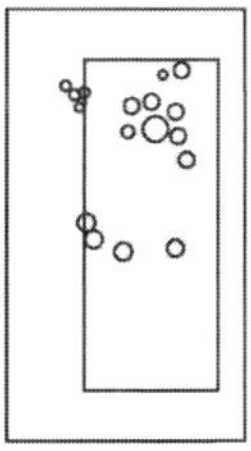

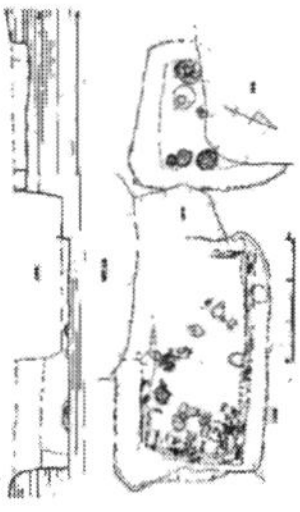

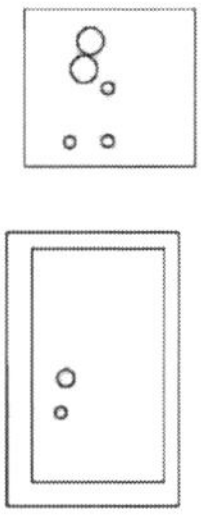

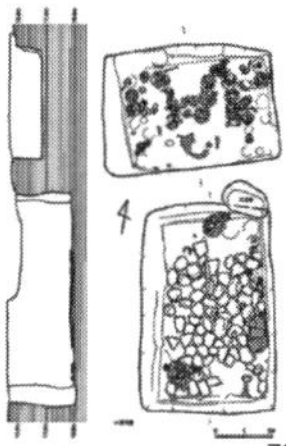

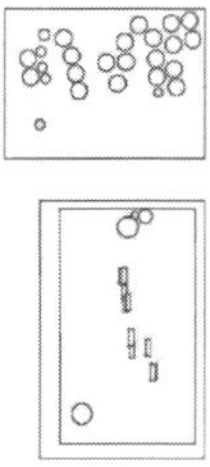

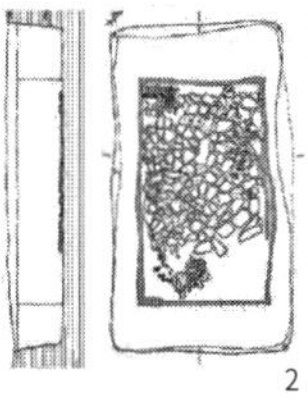

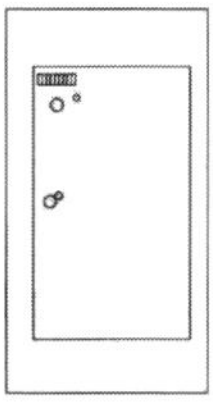

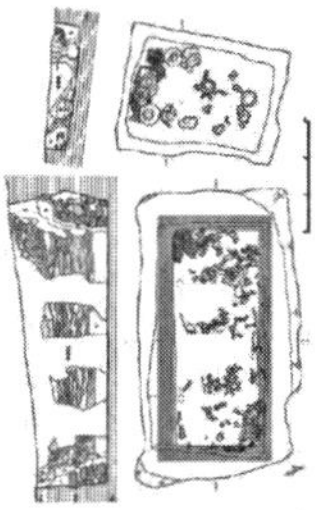

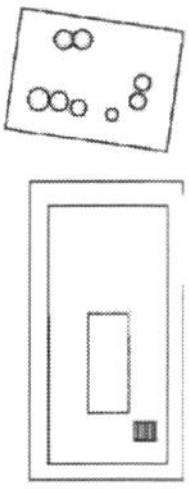

Ⅳ단계는 대성동에 주·부곽식의 목곽묘인 13호가 축조되었다. 유구의 주축 방향은 동—서향이고 등고와 직교한다. 주곽의 평면형태가 세장방형인 반면 부곽은 방형의 형태를 띠고 있다. 단곽식인 88호분은 유구의 주축 방향이 바뀌어 남—북향을 띠고 등고와 평행하게 축조되었다. 유물의 부장은 94호를 통해 알 수 있는데 장축방향으로 대형호와 노형기대를 놓고 매장주체부를 철정을 놓고 그 위에 시상석에 해당하는 대형의 돌을 놓았다. 구릉 상단부에는 주·부곽식 목곽묘가 조성되었고 철정이 다량 부장된다. 이 단계부터 각 지역의 중심고분군 내 대형분묘에서 주·부곽식이 확산되며 철정이 분배되어 부장된다. 부산 복천동고분군에서도 38호분이 주·부곽으로 축조되었다.

Ⅴ단계는 대성동 70호 주·부곽식 목곽묘이다. 유구의 주축방향은 남—북향을 띠고 등고와 평행하게 축조되었다. 주곽의 깊이가 깊어지고 부곽의 깊이는 얕다. 철정의 부장은 23호를 통해 알 수 있는데 주곽의 바닥에 대형의 시상석을 놓고 시상석 위로 철정을 열지어 놓았다. 소형묘 발치에는 단경호와 기대를 머리쪽에는 고배류의 소형토기를 주로 부장하였다.

Ⅵ단계는 대성동 2호의 목곽묘이다 유구의 주축방향은 동—서향이며 등고와 평행하며 애구지 구릉의 가장 정선부에 위치한다. 평면형태는 세장방형이며 깊이가 깊어지기 시작하였다. 유물은 주곽 내에 시상석을 깔고 한쪽 단벽에 철정을 켜켜이 쌓아서 부장하였다.

Ⅶ단계는 대성동 1호분 주·부곽식의 목곽묘이다. 유구의 주축방향는 동—서향이며 2호와 마찬가지로 등고와 평행하다. 주곽이 깊어지는 동시에 부곽도 깊어지고 있다. 주곽의 보강토에는 소형의 보강석이 들어간다. 같은 단계 부산 복천동은 31호, 32호는 주·부곽식으로 축조되며 주곽이 깊고 보강석을 두르며 바닥은 시상석을 놓았다. 연구자마다 김해지역 상대편년은 비슷하나 대성동 1호분과 복천동 31·32호, 35·36호를 4세기 말을

넘기지 않는 설정[7]과 5세기 전반으로 설정[8]하는 점에서 차이가 난다. 1호분은 애구지 구릉의 가장 정점부에 조성되고 있고 금관가야의 도질토기와 철정의 부장에서 정수를 보이고 있어 고구려 남정 이전으로 본다.

Ⅷ단계 구릉의 정점부에서 내려와 다시 단곽식의 93호분이 축조되고 평면형태는 1호처럼 등고와 평행하다. 유물 부장곽이 요항처럼 단벽의 바닥 안에 다시 파고 조성되어 있다. 철정은 그 상부 부장곽에 놓여 있다. 이 단계 금관가야 영역의 퇴래리, 여래리, 양동리, 망덕리 고분군 소형 목곽묘에서도 이혈의 목곽묘 뿐만 아니라 동혈 목곽 내 상단부에 부곽은 놓거나 매장주체부 내 일정 부분의 요갱을 파는 형태 등 다양한 부장곽이 조성되었다.[9] 유물의 부장에서 대형의 저장용 토기보다는 다양한 형태의 소형토기가 부장되는데 이전의 금관가야양식의 외절구연고배와 파수부노형기대가 소멸하고 아라가야, 창녕계토기, 소가야토기가 혼입되고 일부 금관가야의 일렬장방형투창고배와 창녕계토기가 부장되기 시작한다. 따라서, 복천동 21·22호를 병행기로 설정하였다.

Ⅸ단계는 대성동 73호 석곽묘로 개석까지 확인되었다. 평면규모는 작지만 깊이가 깊다. 복천동 1호 토기는 황남대총 남분과 유사하며 남분을 눌지왕으로 보는 5세기 중엽으로 두는 편년안에서 상대편년으로 대성동 73호분을 광개토왕 남정 이후로 5세기 2/4분기로 편년한다. 이는 한 단계 앞선 복천동 10·11호분과 같은 단계로 하였다.[10]

대성동고분군의 조성은 애구지 구릉의 북사면에서부터 A-B-C-D-E 구간으로 파악하고 각 구간 내 왕급 대형묘의 축조는 A구간 45호(장방형 목

---

7) 박천수, 2018, 전게서.

8) 신경철, 2000, 「金官加耶土器의 編年」『加耶考古學論叢』3, 駕洛國史蹟開發研究院.

9) 심재용, 2019, 전게서.

10) 이춘선, 2020a, 「4~6세기 철정부장을 통해 본 금관가야 교역망의 변화」『영남고고학보』86.

〈표 1〉 금관가야 고분군 내 분표 단계설정

단계	대성동고분군	양동리고분군	복천동고분군
I	45호, 132호	212호	
II	29호, 55호	235호 322호	
III	91호, 54호, 108호	15호, 58호, 81호, 85호, 251호, 280호,	84호, 80호
IV	13호, 18호, 95호, 94호	37호, 47호 ,60호, 62호	38호, 73호
V	23호, 47호, 68호, 70호, 88호	74호, 90호, 167호, 248호, 441호, 460호, IV-1(김)	42호, 46호, 57호, 71호
VI	2호, 3호,	9호, 78호, 107호, 340호, 349호	54호, 60호, 64호, 95호
VII	1호, 39호, 57호	304호, 321호, 김 2	31호·32호, 35·36호, 41호
VIII	11호, 14호, 93호		21호·22호, 39호, 53호
IX	73호		10·11호,

곽묘), 29호묘, B구간 91호, 70호(주부곽식), C구간 13호분(주부곽식), D구간은 중복없이 대형묘가 배치는 2호, 1호, 3호(주부곽식) 축조되고 다시 A구간에 29호와 중복되어 1호분과 같은 단계의 39호가 조성되고 B구간에는 93호가 축조되었다. 마지막으로 E구간 73호(석곽묘)가 축조되었다.

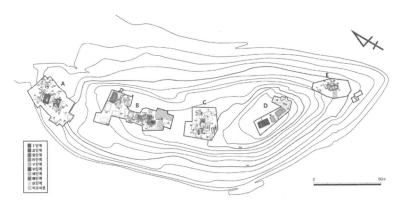

〈그림 2〉 대성동 애구지 구릉 내 왕묘 축조 변화

III. 더 큰 가야를 꿈꾸는 금관가야

1) 철기 잉여품의 증가 - 철소재 철정, 단야공구

김해 대성동고분에서 철기 잉여품인 철소재의 제작과 부장이 급증한다. 이러한 현상은 갑자기 발생하였다고 볼 수는 없다. 철기시대 개시부터 창원 다호리 고분부장품에 철광석(64호)과 단야구 중 망치(17호), 지석의 다량 출토로 볼 때 낙동강을 통해 초기 철기제작이 유입되었고 주조철부의 의례적 부장이 시작된다.[11] 김해 대성동 60호 목관묘에서도 단야공구가 다수 출토된다. 단야구는 단야를 담당한 직능에 부장되는 유물로 이들의 사회적 직능을 표현하고 있다.[12]

이처럼 대성동고분에서 단야구의 부장이 증가되는 점을 볼 때 수준 높은 철기의 제작이 가능해지면서 철정의 다량 제작과 유통에 유리한 김해만 인근에 위치한 대성동 일대가 지정학적으로 유리하게 작용했을 가능성이 충분히 있다. 이러한 점은 다호리 집단의 일부가 대성동 일대로 이주했을 가능성을 제기하기도 한다.[13]

대성동고분에서 출토되는 철정은 금관가야 영역 중 가장 수량이 많고 지속적으로 부장되는 유물이다. 형식의 변화는 봉상형태의 철부에서 판상형태의 철부로 변화하며 인부의 끝단이 한쪽이 직선적인 것에서 인부가 일부

---

11) 이건무, 2008, 「다호리유적 발굴의 의의」, 『갈대밭 속의 나라 다호리』, 국립김해박물관 특별전 도록. 주조철부를 2매씩 끈으로 연결하여 부장을 위해 만들었음을 지적하고 철부가 매지금으로서 역할을 하고 있다고 보았다.

12) 이춘선, 2020d, 「철기 생산과 유통으로 본 창원 현동유적 축조집단의 성격」, 『경북대학교 고고인류학과 40주년 기념 논총』. 현동유적에서도 철괴나 단야도구인 철착과 철정이 공반되어 부장되고 있음을 지적하고 있다.

13) 이창희, 2016, 「변한사회의 중심지이동론」, 『영남고고학보』 76.

벌어지며 곡선을 띠는 형태에서 양단이 곡선의 형태로 변화하며 신부도 점차 곡선의 형태를 띤다. 신부는 점차 폭이 좁아지고 신부는 직선화되고 소형화되면서 양단부 가까이에서만 살짝 벌어지고 단부는 직선화되는 변화를 보인다.[14]

〈도표 2〉 대성동 출토 철정형식의 변화

I	II	III	IV	V	VI	VII	VIII	IX	X
45	29	주변 2	95	23	2	1	93	73	85

I단계에 부장되는 봉상철부는 김해 양동리 162호 각 모서리 봉상철부 40점 부장되며 같은 형태의 대성동 45호묘에서 약 40점 정도의 유물이 부장되고 있다. 마한권역의 천안 대화리 신풍리 59호, 청주 송절동, 오송, 충주 금릉동 목관묘에서 변진한과의 교역에 의한 와질토기와 철정이 출토되고 있다.

II단계 대성동 29호는 주변지역의 수장묘로는 오로지 김해 양동리 235호, 양동리 280호에서만 부장된다. 그나마도 양동리고분군은 2세기 중후엽부터 3세기 중후엽까지만 봉상에 가까운 철정이 부장되고 대성동 무덤에 철정이 레일처럼 깔리는 부장이 시작되는 시점에는 부장되지 않고 소형묘를 중심으로 유자이기만 부장된다.

III단계 대성동 91호는 매장주체부가 교란되어 철정의 부장양상이 확인

---

14) 이춘선, 2020a, 전게서.

되지 않지만 같은 단계 다른 유구에 비해 단야공구의 부장이 상당이 높다. 대성동에서 단야공구 중 집게의 부장되는 유구의 위계가 높고 철정의 부장이 많다. 이 단계 양동리고분군에 철정의 부장은 없지만 복천동 대형묘가 축조되는 시점에 소량의 철정이 부장되기 시작한다.

Ⅳ단계 대성동 94호 95호 등 4세기 초부터 각 권역 내 가장 대형묘에 소량의 철정이 분배되기 시작한다. 복천동 38호, 경주 구어리 1호, 합천 삼가 1호가 해당한다. Ⅴ단계 대성동은 70호, 23호 등 시상석을 박석처럼 넓게 깔았다. 이후에 그 상부에 철정을 깔아 놓았다. 복천동 46호에서도 20매를 시상처럼 놓는 부장이 시작된다. 이는 김해를 제외하고는 처음 나타나는 부장양상이다.

〈표 2〉 대성동 출토 철정과 금관가야 영역 내 철정 출토 양상

단계	대성동유구	철정	단야공구			양동리	복천동	망덕	석동
			착	사	집게				
Ⅰ	45호	봉상 40	2	1		162 (40)			
	주변 1호	봉상 7		1		200 (20) 435 (3)			
Ⅱ	29호	(43)	5	1	2	212 (1) 235 (33) 280 (10)			
Ⅲ	주변 2호	10	1				80(3)		
	91호		7	3	1				
	105호	(8)							
	108호	40		1					

단계	호								
IV	18호		1		1		38(4)		
	94호	112	1						
	95호	60+							
V	47호		2				46 (20)		
	88호	4	1						
	68호		1						
	70호	16		2					
	23호	60+							
VI	2호	110	2				54 (62)	20(9) 54 (10)	388 (3)
	3호	4							
VII	1호	40	13			456 (7)	31.32(1)	II-79 (10)	26 (2)
	39호		9					I-5(5)	223 (5)
	11호		1						
	14호		1						
VIII	93호	22				429 (3)	21.22(40) 53 (20)	II-91 (10)	49 (1) 84 (2)
IX	73호	16					10.11(77)	I-10 (2)	96 (9)
X	85호	20					1 (100)	118 (6)	129 (4)
총계		654					367	105	307

　Ⅵ단계 대성동 2호분은 시상석을 놓고 한 쪽 단벽에 철정을 3~4단으로 포개어 다량 부장하기 시작하였다. 김해 양동리, 망덕리고분군은 대성동 2호분 단계에서 부장되기 시작하고 남해안으로 이어지는 지점의 중소형 고분군인 창원 석동 388호분, 창원 현동 3호, 58호, 고흥 신촌 1호 일대에도 부장되기 시작한다.[15] 그와 함께 낙동강 내륙의 진영 여래리 17호, 11호, 2

---

15) 이춘선, 2020a, 전게서.

호와 퇴래리일대에는 다수의 단야도구와 함께 철정이 중소형분으로 부장되기 시작하다. 남동해안의 부산 복천동은 이 단계 이후로 지속적으로 많은 양의 철정이 부장되기 시작한다. 한편, 단발적이지만 동해안의 포항 마산리 목곽묘, 포항 남성리 Ⅱ-17호분 등에서는 철정과 함께 금관가야 양식의 토기와 통형동기, 판갑, 유자이기 등이 공반되어 출토된다.

Ⅶ단계 대성동 1호분 단계에는 창원 석동, 현동 외의 중소형 목곽묘가 조성되는 분묘에서도 철정이 다수 부장되는 유구가 증가하고 있지만 그 수량이 10매 내외를 넘지 않는다. 다만, 복천동에서는 주·부곽식의 대형묘에서 철정이 시상처럼 깔기 시작하는 부장이 지속적으로 이어지고 있다.

Ⅷ단계 대성동 대형묘에서 철정의 부장이 거의 사라지고 부장되더라도 다른 부장유물과 같이 놓아 20매 내외의 부장양상을 보이고 있다.

Ⅸ단계 대성동 73호분에서부터 대형분에서 철정부장은 확연히 줄어들고 중하위고분군의 부장으로 확대되었다. 그러나 부산 복천동 1호분에서는 100매가 부장되는 등 철정의 생산과 유통의 중심이 복천동 최상위층에서는 지속되는 특징을 보인다.

2) 여러 지역과의 교역품

(1) 국내교역

대성동에서 출토된 국내 교역품으로 마한과 진한의 대표되는 유물로 동물형 허리띠를 들 수 있다. 이 동물형 대구는 진한의 금호강 일대에서 출현하며 점차 확산된다. 낙동강 하구역인 김해에서도 확인되는데 다호리와 연결되는 밀양 제대리, 김해 퇴래리, 양동리, 대성동에 2세기 전반의 목관묘에서 출토되고 있다. 대성동 11호와 형태적으로 유사한 호형대구가 퇴래리 주거지[16]에서 출토된다. 이와 함께 마한계통의 유물인 금박 유리옥이 양동리 462호와 김해 대성동 인근 주차장 부지 2호에서 출토되었고 복천동 80호분에서도 출토되고 있다. 이조선 돌대 철부는 세죽리-연화보 유형과 관련이 있으며 서북지방에서 북한강에서 영남내륙으로 이어지는 것으로 본격적인 등장이 2세기 이후 중국과의 교역의 중간기착지인 서해안의 서산 예천동 고분과 대성동 91호, 양동리 3호(문)에서 출토되고 있다.

홍옥수는 수정제 목걸이와 함께 중요유물로 그 계통을 인도 동남아시아산으로 보고 서남해안로에 분구묘와 주구묘에서 출토되고 있는데 낙랑을 통해 입수한 것으로 보고 있다.[17] 이와 동시기 부여계 철제 장검이 양동리 235호, 318호에서 출토되고 있다.

이처럼 낙동강 수계를 통한 내륙 교통로를 통해 중국의 선진문물을 다호리유적을 중심으로 흡수하고 2세기 전후를 중심으로 김해 양동리와 대성동을 통한 마한과의 교역에 낙동강을 통한 내륙의 교통이 중요하였음을 보여주는 것으로 볼 수 있다.

이후 금관가야가 성장하는 대성동 2호 단계인 4세기 중후반부터 아라가야계의 저장용 승성문단경호와 고배 등이 금관가야권인 복천동고분에서도 증가하고 있다. 동시기 현동유적에서도 금관가야 양식의 소형 고배가 출토되고 있고 아라가야에서 최근 발굴된 45호 유구에서 대성동 1호와 같은 단계의 금관가야 토기가 출토되는 점에서 이 시기 금관가야와 아라가야간의 연합은 상당히 중요하였음을 보여준다.

이후 대성동 73호분 5세기 중반 이후는 신라계 이식이 출토되며 주변의 소형 석곽묘에서도 신라계 이식이 출토되고 있다.

---

16) 두류문화재연구원, 2022, 『김해 퇴래리 1010번지 생활유적』 보고서상 주거지는 3세기 후반으로 중복으로 인해 2세기대 조성된 목관묘의 유물로 추정하고 있다.

17) 허진아, 2018, 「마한 원거리 위세품 교역과 사회정치적 의미」, 『湖西考古學』 41.

〈표 3〉 대성동 출토 국내 교역관련 유물 출토 양상

유구	마한계			진한계	기타/	아라가야	신라
	마형대구	금박유리옥	홍옥수	호형대구	이조선돌대철부	토기	귀금속
구지로 42호 석곽묘	1						
대성동115호	1			1			
대성동 67호				1			
대성동11호(중복)				1			
밀양 제대리 9호				1			
퇴래리 5호 주거지				1			
대성동 45호					1		
대성동 91호					2		
주차장 부지 3호		팔찌1, 목걸이1					
양동리 382	1						
양동리 384	1						
양동리 462		20					
복천동 80호							
대성동 2호						단경호	
복천동 57호						통형고배	
복천동 54호						고배, 기대	
복천동172호 173, 174						승석문단경호	
대성동 1호						발형기대	
대성동 87호							이식

(2) 국외교역

대성동에서 출토되는 유물로 볼 수 있는 국외의 교역품은 북방계, 중국계, 왜계 계통으로 크게 구분되어 연구들이 진행되고 있고 마구류의 경우 많은 논쟁이 있다.

먼저, 북방계유물로 볼 수 있는 동복이 29호분과 47호분에서 확인되었고 유사한 것이 양동리 235호분에서 출토되었다. 철복은 대성동에서는 출토된 사례가 없고 양동리 318호와 포항 남성리 I구역 1호 목곽묘에서도 출토되는 점에서 이들 북방계 유물 입수경로가 낙동강 내륙보다는 동해안을 통한 이주민일 가능성이 높다.

중국계 청동의기로서 거울과 청동용기, 청동못 등이 출토되었는데 청동용기는 청동세, 동제완기는 91호 운모 등과 함께 서진에서 유입되었을 가능성이 높다. 마장의 장신구 일체가 출토된 91호분은 그 계통을 삼연이나 부여, 고구려로 둔다. 중국제 금동제품과 유리기를 삼연에서 유입되었다는 관점[18]과 신라가 전진에 두 번에 걸친 교섭기사를 통해 신라에서 유입되었을 가능성을 두기도 한다.[19] 그러나 시점이 대성동유적이 신라보다 더 빨라 직접 교역했을 가능성이 높다. 게다가 금, 은 장신구는 4세기 전반 88호분 출토 금동제 허리띠 장신구, 대성동 68호분 은제팔찌 2점은 신라에서 출토되지 않고 대성동에서 유일하다. 최근 퇴래리 고분군 2호 목곽묘에서 판갑과 함께 공반되어 출토되고 있다. 시기는 대성동 2호분과 같은 단계에 해당한다. 양동리 금제 팔찌에는 구리의 함량이 높은 것으로 확인되었다.[20] 중국제 한식경은 대성동 23호와 양동리 441호 방격규구문경 4세기 전반에 왜경과 같이 국제교류와 대외교역망의 변화와 연동하여 출토되는 경향이 강하게 나타나고 있다.

그 외 가장 많은 국외 교역유물로는 왜 계통의 유물이다. 이 중 청동무기류 중 통형동기가 가장 많이 출토되었다. 대성동 10기 26점, 양동리 9기 16점, 복천동에서 6기에서 12점이 부장되었는데 복천동에서 부장되는 양상이 양동리 보다 1단계 빠르다. 철정의 분배와 마찬가지로 금관가야에 의

---

18) 이현우, 2023, 「금관가야 속의 중국계 문물 고대 환황해-남해안 해양 네트워크」, 『동아시아의 열린공간, 가야』 학술대회.

19) 박천수, 2018, 전게서, p.246.

20) 신용비, 2018, 「국립김해박물관 소장품 성분 분석」, 『김해』, 국립김해박물관 특별전 도록.

해 분배되는 양상이 명확하다. 이후 주변으로 부장되는 시기는 4세기 중후반으로 김해 망덕리 3점, 창원 석동고분군 1기에서 1점, 포항 남성리 고분군 2기에서 2점이 출토되었다. 응회암제 석제품인 석촉, 방추차형 석제품이 출토되는 단계에는 파형동기가 출토되지 않아 방추형 석제품의 부장이 비교적 이른 시기 유구에 해당한다. 파형동기는 방패나 화살통의 장식으로 보기도 하며 대성동 88호분에서 크기가 다른 13점이 출토되었다. 다른 왜계유물과 달리 대성동 대형분에만 다량 부장되는 특징을 보인다. 철제 무기 중 대성동 29호와 양동리 58호 定角式 철촉, 대성동 59호 鳥舌式 철촉이 부장되어 무기류에서도 왜계 철촉과 철창의 부장이 눈에 띈다.

〈표 4〉 대성동 출토 외래계 유물 출토 양상

유형	유구	북방계	중국계					왜계							철기	
			장신구		청동의기			청동무기류				석제품				
			금	은	거울	용기	마구	통형	파형	동모	동촉	촉	방추	비취	촉	창
I	45호															
II	29호	복1													34	
III	76호															2
	91호		운주 26, 원판	철지은 장못1		청동세1, 청동완1	금동운주 26, 마령 5, 운주 3, 령4	1						빗 1,2		
	105호															
	108호				연호문경 1	동완1		1		47	10	1	1			1
IV	13호								6		16					4
	15호								1							
	18호								2			1	1			2
	94호								4				2			
	95호					청동 못1							1			

	47호	복1			3									
	88호	금동대금구5	초미금구1		철제병14	3	13	1	5	2	2	빗2	8	1
	68호		팔찌2		안장1									
V	70호	금동대금구1, 운주7, 금동교구수하식2	철지은장병5,	연호문경1	청동운주1, 철제병14	2								4
	23호			방경규구경1			2						1	6
VI	2호			조문경2	운주형4	2	1		2					14
	3호		행엽		14									1
	57호				청동운주4									
VII	1호	금장행엽1, 금동운주1			금동안장1	8								14
	39호													2
	11호					1								
VIII	14호			연호문경1	1									
	93호				마령									
IX	74호													대금계판갑

3) 무사집단의 성장 – 공격무기구(창, 검, 촉, 화살) 방어구(갑옷, 방패), 기승구

대성동 대형묘에는 공격무기구 중 철촉의 부장비율이 압도적으로 많고 창과 모의 부장도 많은 편이다. 방어구인 방패는 이른 시기부터 유기물로 출토되지만 갑주는 4세기 2/4분기부터 출토되고 갑옷은 4세기 3/4분기부터 집중된다. 기승구는 3세기 후반부터 출토되며 마주까지 갖추어지는 시기는 4세기 후반이다. 각 단계별 무장양상은 다음과 같다.

Ⅰ단계에 해당하는 45호분에는 농공구인 보습과 따비의 부장도 있지만 공격용 무기인 철촉과 철모의 비중이 증가하기 시작한다.

Ⅱ단계 대형분인 29호부터 다량의 철촉과 도와 검 등의 무기류가 부장되며 왜계 창과 철촉의 부장이 시작된다. 방어구인 방패가 유기질로 출토되었다.

Ⅲ단계 91호에서 파형동기와 함께 유기물로 확인되며 108호에서 뇌문이 시문된 방패가 확인되었다. 기승용에 필요한 재갈과 안장에 쓰인 병이 출토된다. 91호 표비가 가장 이른 시기에 출현하며 1조선 인수이면서 내외환의 방향이 직교인 점에서 김해에서 자체 제작한 것으로 보는 견해도 있다.

Ⅳ단계부터는 본격적으로 투구와 갑주, 재갈의 부장 비율이 증가한다. 같은 단계에 해당하는 복천동 38호분에는 갑주와 재갈이 공반한다. 복천동 38호에 표비는 여러 개의 봉을 꼬아 만든 함의 원류를 고구려계로 보는 견해도 있어 이른 시기부터 고구려와의 교류도 상정해 볼 수 있다.

Ⅴ단계는 판갑과, 전신찰갑, 투구, 방패 등 방어구 일체가 공반되고 있어 이 시기부터 수군, 친위군, 수호군 중심의 군사조직을 한 것으로 보는 견해가 있다.[21] 복천동 57호 종장판갑, 양동리 Ⅳ-1호 종장판갑이 출토되고

---

21) 우병철, 2019, 「新羅·加耶 武器 硏究」 경북대학교 박사학위논문.

있다. 기승용 마구 중 대성동 68호분에서 곡선형의 안장이 확인된다. 창은 왜계 메스리야마고분 출토 철창 212점, 광형계 능형 철촉13호와 같이 단계의 다양한 왜계 무기류가 출토되고 있다.

Ⅵ단계는 대성동 2호분이 대표적인데 판갑과 투구 외에 마구에서 표비와 함께 'X'자형 원형 판비가 출토된다. 이 단계에는 판갑은 실용성보다는 장식성이 강조되기 시작하였다. 양동리 78호 종장판주와 종장판갑, 복천동 86호, 전 퇴래리 출토 종장판갑과 유사한 형태가 최근 퇴래리 2호분, 창원 석동 388호분에서 출토되었다. 이처럼 금관가야의 영역 내 중소형분에도 판갑과 투구의 부장이 확대된다.

Ⅶ단계 판갑은 다양한 형태가 제작되었고 실용성보다는 의례용으로 제작되었을 가능성도 있다. 대성동 1호분과 39호분, 57호분에서 종장판갑이 출토되었고 1호와 57호에서는 마주와 등자 2점이 출토되었다. 마장의 장신구가 금장인 행엽과 금동내연금구가 출토되었다. 1호분은 방어구와 마장의 장신구 일체가 갖추어졌고 금장의 형태로 화려하다. 중소형묘인 대성동 14호분, 양동리 321호분에서도 갑주가 출토되었다.

Ⅷ단계 대성동 93호분에서 판갑 2종, 마갑과 마주와 금동제 마령이 출토되었다.

Ⅸ단계는 대성동 73호분 석곽묘에서는 판갑과 경갑의 철제 갑주류와 금제 화살통 등이 출토되었다.

〈표 5〉 대성동 출토 무기류 출토 양상

단계	유구	공격무기구					방어구					기승구			
		촉	도	검	창	모	판갑	찰갑	투구	경갑	방패	등자	재갈	안장	마주/마갑
Ⅰ	45호	80	1	4		5									
Ⅱ	29호	304	3	2	2						1				
	55호	4													
Ⅲ	주변2	47	1												
	59호														
	76호	71		1	3	1									
	91호		1			1						1	표비4	병	
	105호	5				2									
Ⅳ	108호	220	1	1	3	3						1			
	13호	85	1		4										
	15호														
	18호	92	2		2	1		1							
	94호	2				3									
	95호	4		1	1			1							
Ⅴ	47호						1		1			1	표비1		
	85호												표비1	1	
	88호	209					1		1			1	표비1	병	
	68호	5				2	1	1	1			1	표비1		
	70호	460			11	4	2	1	2			1	인수편1	병	
	23호	1	1		3	2	1								
Ⅵ	2호	68	1	1	14	1	1		2	2			판비1, 표비2		
	3호		1	1	1	1			2	4					
	41호												판비1		
Ⅶ	1호	111			14	2	1		2	1	1	2			1
	39호		1				1	1	1	2	1		판비1		
	57호						1	1	1	5		2	판비1		1
Ⅷ	11호	15				23		1			1		표비1		1
	14호	4						1			1		표비1		
	93호	31		1		5	2	1	2						1/1
Ⅸ	73호				2	1							판비1		
	85호	18			1								표피1	1	
	89호												표비1		
	90호												표비1		

4) 잔존하는 뼈에 남겨진 이야기

대성동 무덤에서 출토된 인골은 대략 23기 76명으로 확인되고 있다. 주곽에 주피장자로서 인골도 있지만 부곽이나 보강토에 순장 인골로 출토되는 경우가 많다. 순장자의 성별 분석 가능한 개체가 26명으로 남성이 10명, 여성이 16명이다. 임신흔이 있는 여성인골은 57호의 인골 3구과 91호 인골 1구에서 보이며[22] 연령은 10대 후반~성년을 대부분으로 보고 있다.[23] 91호와 88호의 인골의 경우는 부장된 빗모양 장신구 등이 왜와 관련된 인물로 보고 있다.[24] 인골 분석은 앞으로도 좀 더 정밀하게 진행되면 많은 정보를 줄 수 있을 것으로 본다.

다음으로 대성동 무덤에서 출토된 동물은 말, 소, 멧돼지, 개, 너구리, 닭, 꿩, 참돔 뼈가 출토되었다. 말뼈는 1호, 33호, 38호, 55호에서 출토되었고 비교적 어린 말이 많이 희생되었다. 부장된 말 이빨은 2종류가 있다. 작은 소형 말이빨은 29호와 같은 단계인 55호에 이른 시기부터 부장되기 시작한다는 점[25]이 특징적이다. 91호분 재갈을 사슴뼈로 만들어 사용한 점에서 이른 시기부터 말이 유입되어 있었을 가능성이 높다. 그 계통을 정확히는 알 수 없지만 1호분 이후에 부장된 말뼈는 다른 지역에서 자생하는 말이 아니라 경상도 인근에서 태어난 말일 가능성이 있다[26]는 연구가 있어 마구의 토착화와 함께 말도 가야에서 토착화되었을 가능성이 높다. 소는 88호와 11호분에서 비교적 양호한 상태로 출토되었다. 특히 88호는 외부

---

22) 김재현, 2003, 「부록1 김해 대성동고분군 전시관부지조사 출토인골에 대한 분석」, 『대성동고분군Ⅲ』, 경성대학교박물관.

23) 심재용, 2019, 전게서, p172.

24) 최근 조사된 108호분의 점토시상에 발견된 인골을 다량의 왜계유물과 관련하여 왜계 여성으로 추정.

25) 고은별, 2020, 「김해 대성동고분군 출토 말」, 『말을 탄 가야』, 국립김해박물관 특별전 도록.

26) 홍종하, 2020, 「김해 대성동 고분군 출토 동물 뼈 분석 연구 용역 보고 결과서」

주변 수혈에서 희생제사가 이루어졌다. 나머지 뼈는 단경호 내부에서 음식 의례에 사용된 꿩, 닭, 돔과 함께 다양한 패류가 많이 공반되고 있어 다양한 동물과 바다 자원을 제의에 사용하였음을 알 수 있다. 식물유체는 대성동 41호분에서 다량의 복숭아씨와 외과의 여름철 과실이 출토되어 장례의 시점을 알 수 있다.[27]

IV. 망자에 남겨진 산자의 기억 속, 금관가야인

1) 출현기

낙동강에 위치한 다호리유적에서 성장한 철기를 잘 다루는 집단이 중국과 일본과의 교역에 유리한 김해만 일대의 봉황대 인근으로 읍락이 집주하기 시작하였다. 봉황대에서 조망 가능한 대성동 애구지 언덕에 유력 개인묘가 축조되고 구지봉은 집단 의례행위의 중심으로 읍락의 도시 구조가 형성되었다.

이 시기는 2세기 중후엽부터 3세기 중엽에 해당하며 봉상철부가 주로 제작되다가 29호를 기점으로 철기기술과 도질토기 등 잉여 생산물을 제작하는 기술이 발전하였다. 교역은 동해안으로는 부산, 울산, 포항을 통한 교역 거점의 확대와 서해안으로는 마한과의 교역의 확대를 통해 각 지역 정치체와 교류를 시작하였다. 이와 함께 낙동강 내륙의 교통로를 통한 마한의 목

---

27) 안소현, 2023, 「김해 대성동고분군 제 41호 덧널무덤 출토 식물유체의 양상과 의미」, 『가야의 곳간』.

지국과의 교역에도 유리한 점이 부각되어 철생산과 유통이 본격화되었다.[28]

〈표 6〉 대성동 출토 유기물 출토 양상

단계	유구	인 골					육상동물		해상동물	식물유체
		주곽(주)	주곽순장	부곽	충전토	인골종류	출토위치	종류		
II	29호	1								
III	91호	3	2	2	1		대호, 바닥	개, 멧돼지	참돔	
IV	13호	3								
	94호									
	95호									
V	46호						단경호	꿩1		
	47호	1								
	88호	1	2		3		주변 수혈	소뼈1, 말뼈1 멧돼지1, 너구리1	가리비	
	68호						단경호내	닭뼈		
	70호	3			3					
	23호	6						꿩 5	참돔, 어골	
VI	2호	3					남동쪽 바닥	돼지견치		
	3호	4		1			도굴갱			
VII	1호	5					보강토	말이빨 1 소이빨 3, 꿩 1	어류	
	33호							말1		
	38호							말1 소1		
	39호	2								
	25호	1								
	11호	2						소뼈		
	14호	2						소뼈		
	57	3					대옹	꿩4	패류 (꼬막, 굴) 어골	
	41	2					대호		돔류	복숭아씨 참외과

---

28) 이춘선, 2020b, 「호서지방 출토 철정 유통양상의 변화와 제철기술의 확대」, 『호서고고학보』 46.

VIII	7	5		1			
	8	2	3				
	55호					말이빨	
	24	4				소뼈	
	93	3		1	상부	개뼈	
IX	85			1	단경호		돔
	86호				단경호	꿩1	

2) 성장기

중국과 왜와의 교류가 성행하며 동해안과 남해안을 통한 대외적인 교역 실시하였다. 특히, 낙랑군, 대방군 축출 이후에 중국의 서주나 일본의 긴키 지역을 중심으로 하는 대외교역항으로서 역할을 하였을 것이다. 3세기 후엽부터 4세기 중엽까지 김해만을 장악하며 교류물품으로는 철소재인 철정을 통한 유통으로 성장하였다. 대형의 비대칭인 철정이 대성동, 복천동 최상위 목곽묘에 판상철부형 형태 철정을 레일처럼 깔거나 단벽에 적재하여 부장하였다. 여기에 철정과 함께 단야도구가 이들 지역중심 분묘에 최상위계 목곽묘에 공반되고 있어 철정을 다루는 장인이 그 지역 정치체의 중심이었을 가능성이 높다. 철정은 타지역 최고위계 분묘인 합천 삼가, 경주 구어리, 포항 마산리등 수장묘에 부장될 정도로 대내 교역품으로도 사용되었다.

3) 발전기

금관가야는 철정을 통한 교역을 통해 급성장하면서 소읍락 내 상위계층으로 유통의 중개자 역할을 하며 내부적인 위계화가 상당히 진행되는 4세기 중후반부터 5세기 초까지 발전한다. 이 시기 금관가야의 소지역 정치체의 관계를 살펴보면 위계가 높지 않은 기층민으로 구성되었고 높지 않은 위계이지만 그 분묘 내에서 위계가 있는 소수의 엘리트계급에 철정과 단야 도구가 부장되고 있다. 대성동 중심지역으로 철소재를 공급받아 철기를 제 작하는 단계를 넘어 철기를 직접 제작하고 유통하는 일에 참여한 것으로 보인다. 또 고분군과 공반되는 유구에서 패총과 단야시설 및 굴립주 건물 지가 다수 확인되고 있다. 이는 인근 분묘군과의 앞서 분석한 철정이 출토 된 분묘군은 고분군, 패총, 주거군의 발굴을 통해 볼 때 하나의 거대한 유 적군을 형성하며 마을의 단위가 된다.[29]

대체로 금관가야권에서는 대성동유적, 복천동유적, 망덕리유적, 화정유 적, 본산리유적, 퇴래리유적, 여래리유적, 칠산유적, 도계동유적, 가음정동 유적, 진해 석동유적, 용원유적, 창원현동유적[30]으로 단위사회가 형성되고 대외 의존적인 교역에서 금관가야권역간의 교역과 아라가야와의 교역[31]이 심화발전하고 있다.

4) 쇠퇴기

대성동 고분군 대형분의 경관이 가장 높은 곳에서 벗어나기 시작하고 철 정의 형식과 부장이 변화한다. 철기 생산지가 창원, 진영, 진해 등 소읍락 지로 변화하며 더 이상 왜계 통형동기 등 부장유물은 나타나지 않는다.

5세기 전반부터 6세기 중반 금관가야의 멸망 직전까지로 김해 외곽을 중 심으로 하는 중소형 고분군의 수가 증가하고 금관가야 양식에서 후기 금

---

29) 김다빈, 2019, 「金官加耶 社會 硏究」, 동아대학교박사학위논문.
30) 현동유적군의 시작은 금관가야의 교역항으로 시작되었으나 발전하는 4세기말 5세기 초 에는 아라가야 교역항으로 아라가야와의 관계망이 더욱 발전하였던 것으로 생각된다.
31) 김해지역 내에서 아라가야영향을 받은 토기가 출토되는 고모리 1호석곽묘, 우계리 5호 와 6호, 예안리130호에서 아라가야식토기가 출토되고 있다.

관가야 양식의 단각고배가 제작되며 소가야, 창녕토기양식의 유입이 증가한다. 다양한 지역색을 가진 토기가 위계가 높은 대성동고분 73호나 85호에 부장되는 점에서 김해 중심부로 다양한 양식의 토기가 유입되고 특히, 창녕양식과 소가야양식이 유입이 증가되고 있다.

김해지역 분지에서는 유하리, 분절리, 능동유적과 낙동강하구의 지사리, 구랑동, 미음동고분군이 새롭게 축조되며 낙동강주변의 진례평야와 곡간지 사이에도 중하위분묘군이 증가한다. 창원 동전리고분군, 안양리고분군, 죽곡리고분군이 증가하며 내륙의 교통로를 관리하는 토루가 축조되기도 하는데 이러한 토루는 낙동강하구중심의 교역항에서 낙동강 내륙으로 교역의 증가에 따른 금관가야 국토의 관리와 관련된 것으로 해석하였다.[32]

남해안을 중심으로 발전한 자체 생산집단이 소가야의 해상교통이나 해양자원의 확보와 더불어 고구려 남정 이후 급속도로 성장한 신라의 문물에 대한 교역을 담당한 낙동강유역의 비화가야와 관계교역이 증가하기 시작한다. 따라서, 금관가야지역의 소지역 정치체들은 남해안과 낙동강하구를 잇는 지역 간 교역으로 변화되었을 것으로 볼 수 있다.

V. 맺음말

금관가야의 핵심 유적인 대성동유적은 4세기대 금관가야의 위상을 잘 드러내 주는 유적이다. 지금까지 널리 알려진 대외교역과 관련된 금관가야의 철의 생산에 대한 부분에서 아쉬운 점이 많았지만 철정의 부장양상과

---

32) 이춘선, 2016, 「김해 나전리토루의 축조배경과 성격」, 『금관가야 고분의 축조세력과 대외교류』, 2016년 가야고분 조사·연구 학술대회 자료집, 국립가야문화재연구소.

수량을 본다면 철생산을 바탕으로 금관가야가 성장하였음은 의심할 수 없는 사실이다.

그 외 대성동고분군 출토 무구류를 통한 당시 해상교역을 담당한 이들을 지키는 친위군 등의 존재를 설정해 볼 수 있다. 이와 함께 상위 계층에 장신구에 사용된 금·은 제작품의 계통에 대한 연구는 더욱 필요할 것으로 보인다. 또, 순장과 주피장자 인골 분석을 통한 그 시대 금관가야인의 성별, 키, 병리학적인 연구가 더 진행되어 금관가야 고고학을 진전시킬 필요가 있다.

따라서, 오늘의 발표는 기존의 편년 연구도 중요한 부분이지만 금관가야 연구에서 새로운 주제를 통해 이전보다 흥미롭고 일반인들도 쉽게 접근할 수 있는 방안을 찾길 바라는 마음으로 준비하였다.

이춘선, 「김해 대성동고분군, 새로 찾은 유물들」에 대한 토론문

이은석 (국립해양문화유산연구소)

- 김해 대성동고분군과 금관가야의 대외 교역

김해 대성동고분군이 세계유산으로 지정된지 1년이 지난 지금, 그 중요성에 대해서는 더 이상 언급할 필요가 없다. 1주년을 기념하는 이번 발표를 보면 武末純一 선생님과 심재용, 이춘선 선생님께서 고분구조와 각종 대외교역품 등에 대한 구체적인 자료를 망라하여 시기별로, 유물별로 일목요연하게 체계적으로 잘 정리해 주셔서 이해를 잘 할 수 있었다.

가야가 교역을 중심으로 한, 그리고 중계무역과 철제품 수출에 대해서는 이미 많은 자료가 축적되고 있고, 연구가 진행중이다. 武末純一 선생님이 지적하신 철부형 철정의 제작지에 대한 생산 혹은 제작지에 대한 위치 고증은 정확하게 알 수 없으나, 분명 거리가 멀지 않은 것은 분명하다. 현재 국립가야문화유산연구소가 발굴 중인 김해 봉황동유적에서는 제철 관련 유구는 확인되지 않지만 대형의 송풍관편과 철광석 등이 출토되고 있어 이 일대에서 작업이 이루어졌을 가능성이 매우 높다고 볼 수 있다.

이곳은 추정 왕궁터로 현재 대지 축토와 각종 건물지 등이 5~6세기대에 걸쳐 형성되어 운영되었다고 보고 있다. 그러나 대성동고분군의 5세기 중기부터 쇠퇴기로 본다면, 대지 확장 세력인 실제 거주 세력과 시기적인 차이가 보이고 있다. 이 봉황동 일대가 중심세력 근거지인데, 6세기 초반에도 대형의 무덤을 형성하는 주축인 왕이나 왕족은 거주를 하는데, 무덤의

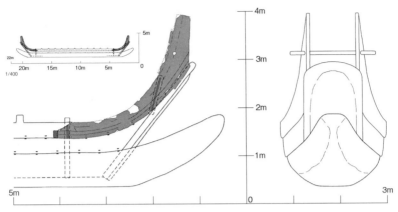

〈도 1〉 김해 봉황동 선박 복원도(柴田 2022)
※ 상단은 전체 추정 복원(약 20×2m)

규모가 축소된 것인지, 아니면 다른 세력이 들어와 점유를 한 것인지, 이를 어떻게 해석해야 하는지 심재용, 이춘선 선생님 두 분께 질의 드리고 싶다.

다음으로, 국제교역의 중심인 금관가야가 문헌에서 보이는 철의 수출 등에 대해서 이제는 실체적 접근을 연구할 필요가 있다. 철을 수출하면 과연 어느 정도 선박에 실을 수 있는가? 지금 국립김해박물관에 전시중인 봉황동 출토 선박(추정 규모 20m×2m)의 적재 중량을 10톤 혹은 11.6톤 정도로 추정하고 있다.(이은석 2023, p142, 柴田昌児·金田 隆, 2024)

그러면 이러한 10~11톤 규모에서 적재량의 50% 이상 철제품을 수출한다면 한번 해상교역에서 5톤 이상 해외로 옮겨갈 수 있는 규모이다. 일본으로 수출하거나 대방으로 수출하는 양이 당시로는 엄청난 규모일 것이다. 이러한 규모를 갖추려면 항구와 공방 등이 집중되는, 앞서 언급한 봉황동유적과 크게 멀지 않을 것으로 판단된다. 이와 관련하여 武末純一 선생님께서는 교역의 대가로 중국의 화폐가 사용되었다고 보고 있으나 저는 물물교환의 방식이 중심이 되지 않았을까, 과연 당시 교역에서 화폐의 가치가 그 역할을 했을지 의문이다. 근대까지도 해상교역에서는 화폐보다는 필요물품의 물물교역이 훨씬 성행하였다. 철제품이 일본으로 수출되면 소량의 최상급 위세품이 이를 대신하기에는 빈약하다고 생각된다. 일본(倭)에서 보내는 주요물품들은 과연 무엇인지 고민할 필요가 있다.

마지막으로 김해 양동고분을 만든 세력과 대성동 세력과의 구분을 어떤 기준에서 나눌 수 있는지 묻고 싶다. 1～3세기대 고분의 구조나 출토유물은 대성동세력에 못지 않은 유물의 부장이나 규모를 가지고 있다는 점이다. 물론 교역을 위한 항구 역할을 하는 유하리패총이 창원 내동패총, 성산패총, 고성동외동패총, 해남군곡리패총과 같이 바다에 접한 항구로의 역할을 하면서 일정구간 거주구역이 이루어지는, 해상세력의 기본적인 양상을 모두 가지고 있다. 양동 세력에 대한 여러 차례 발표와 연구가 진행되었고, 단일 고분군의 규모로 볼 때 세계유산 규모에 속할 정도로 대단하다고 판단된다. 각종 수정제절자옥 등은 보물로 지정되었고, 향후 발굴이 폭넓게 추진되면 각종 중요 유물이 엄청나게 출토될 것으로 기대된다. 이에 대한 중요성을 부각시켜 세계유산의 추가 지정도 감안할 필요가 있다. 모두 노력해야 될 사안이며, 김해시에서도 이런 점을 주목해 주시기를 부탁드린다.

참고문헌

柴田昌児, 2022, 「朝鮮半島系準構造船(加耶タイプ)の生産と日韓の造船技術」,
『纏向学研究センター紀要『纏向学研究』第10号.

이은석, 2023, 「삼국시대 선박과 항해」, 『고대·교역·도시 그리고 가야』, 창원대학교
경남학연구센터 아라가야학술총서 5.

柴田昌児·金田 隆, 2024, 「朝鮮半島系準構造船加耶タイプの復元と船体構造
の検証」, 日本海事史学会 第422回 例会.

이춘선, 「김해 대성동고분군, 새로 찾은 유물들」에 대한 토론문

김수환 (경상남도 문화유산위원회)

- 대성동고분군 출토유물(부장품)을 통한 금관가야 사회상의 복원

모두 알고 있다시피 유네스코 세계유산의 등재대상은 부동산(不動産)이다. 매장유산에서 출토된 유물은 등재의 직접적인 대상이 될 수는 없지만 부동산의 유산적 가치를 설명하고 진정성, 완전성을 확보하는데 활용되며, 그 중요성은 계속 높아지고 있다. 매장유산인 가야고분군 역시 각 가야국의 의례용 토기, 철제갑옷과 무기, 교역품 등이 가야문명의 정치, 사회, 문화를 설명하는데 중요한 정보를 제공하였다.

이춘선 선생님은 대성동고분군에서 출토된 주요 유물인 철기(철정, 단야구), 외래교역품, 무기와 방어구, 인골, 동물뼈 등을 대상으로 시대적 흐름과 의미, 연구방향 등을 제시하였으며, 많은 연구 주제를 제공해 주었다. 이중 선생님이 제시한 두 가지 사항에 대해 약간의 의문이 있어 설명을 요청드린다.

- p.88 : (금관가야권에서의 아라가야계 토기, 아라가야권에서의 금관가야양식 토기가 출토되는 점을 들며 4세기 중후반~5세기 전반의 시기) '금관가야, 아라가야간의 연합은 상당히 중요하였음을 보여준다.'라고 하였다. 토론자는 선생님이 제시한 국내교역품 중 토기의 출토양상을 통해 두 가야국 간 연합, 연맹을 상정할 수 있는가 하는데 의문을 갖고 있다. 가

야고분군 세계유산 등재 추진 당시 적지 않은 이견을 보인 사안이 여러 가야국은 연맹관계에 있었는가 하는 것이었는데 발표자의 의견에 따른다면 이러한 견해 차이를 좁힐 수 있을 것 같다.

• p.99 : '철정과 함께 단야도구가 이들 지역중심 분묘에 최상위계 목곽묘에 공반되고 있어 철정을 다루는 장인이 그 지역 정치체의 중심이 었을 가능성이 높다.'라고 하였다. 선생님의 견해에 의하면 대성동고분군을 조성한 금관가야의 지배집단이 '제철을 주로 하는 장인집단'으로 해석될 수도 있을 것 같다. 이에 대해 대성동의 최상위계 목곽묘에 착, 사, 집게 외에 창원 현동 유적과 같이 망치, 철괴 등이 함께 부장되지 않는 점에서 대성동 정치체의 중심은 제철과 철생산품의 유통, 교역을 관장하는 이들로, 철정과 함께 부장된 단야구는 이를 상징하는 물품으로 이해하는 것은 어떤지 의견을 부탁드린다.

이춘선,「김해 대성동고분군, 새로 찾은 유물들」·武末純一,「김해 대성동고분군과 일본」
- 대성동고분군 출토유물(부장품)을 통한 금관가야 사회상의 복원

이춘선 선생님은 대성동 91, 88호분 인골(순장자)의 경우 빗모양 장신구 등을 통해 왜와 관련된 인물로, 최근 발굴조사된 108호분 점토시상에서 발견된 인골(순장자)을 다량의 왜계유물과 관련하여 왜계(왜인) 여성으로 추정하였는데 이에 대한 근거가 무엇인지 설명 부탁드린다.

가야의 시작점, 도심형 세계유산으로서의 김해 대성동고분군

강 동 진*

Ⅰ. 들어가며

2023년 세계유산에 등재된 〈가야고분군 Gaya Tumuli〉의 '탁월하면서도 보편적인 가치(이하 OUV)'는 이렇게 정의된다. "연맹이라는 독특한 정치체계를 유지하면서 주변의 중앙집권적 고대국가와 병존하였던 가야의 문명을 실증하는 독보적인 증거로, 동아시아 고대 문명의 한 유형을 보여주는 중요한 유적이다."

OUV의 핵심어는 '가야 문명'이다. 즉 〈가야고분군〉의 세계유산 등재는 1~6세기 동북아시아에서 철기 문화를 번성하며 국제 교류에 나섰던 가야

---

* 경성대학교

문명의 역할을 유네스코가 인정한 것으로 볼 필요가 있다. 고분군 개개별의 가치보다는 가야 문명으로 대변되는 고분군 7곳의 '공통적 특성'이 세계유산으로서 〈가야고분군〉이 가지는 수월한 가치인 것이다. 이를 '공간적으로는 떨어져 있었으나 함께했던 가야의 연대 정신'으로도 설명할 수 있다.

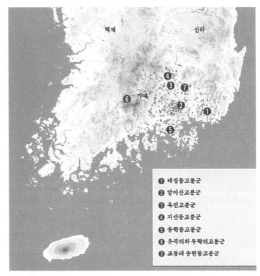

〈가야고분군〉의 분포
(자료: 〈가야고분군〉 세계유산 신청서)

가야의 고분군은 약 800여 개로 밝혀져 있으며, 이 중 7개 고분군을 연속유산으로 묶은 것이 세계유산 〈가야고분군〉이다. 논의의 주 대상이자 1~5세기 가야연맹을 구성했던 금관가야의 대표 고분군인 '김해 대성동고분군(이하 대성동고분군)'도 이에 속한다.

2022년 유네스코에 제출된 [가야고분군 세계유산 등재신청서]에서는 대성동고분군의 두드러지는 특성을 크게 두 가지로 설명했다. 첫째는 '철기문명의 도래 및 확산과 연계된 국제교류와 관련된 것'이다. 둘째는 '가야 정치체가 공유했던 고분의 여러 속성 중 이른 시기의 유형들이 각 정치체(고분군)로의 확산 과정을 잘 보여준다는 것'이며, 대표적으로 묘제와 부장유물(토기, 철제물 등)을 예로 들었다.

대성동고분군은 목관묘, 목곽묘, 석곽묘가 낮은 평지에서 높은 곳으로 순차적으로 누적되어 형성되었다. 그 형상이 북서에서 남동으로 이어진 최고 높이가 22.6m인 낮은 구릉지로 이루어져 있어 봉토를 높게 쌓아 올린 가야연맹의 (5세기 이후) 다른 고분군들과 뚜렷이 구별된다.[1]

이처럼 비교적 낮은 구릉의 형상으로 인해 고분군의 존재가 쉽게 노출되지 않아, 대성동고분군은 1990년에서야 비로소 발견되고 발굴되었다. 발굴은 늦었지만, 지역에서 전래되어 온 고분군 명칭에 대한 학자들의 설명에서 대성동고분군의 탄생 역사를 유추할 수

대성동고분군의 1970년대와 현재
(자료: 〈가야고분군〉 세계유산 신청서)

있다. "대성동고분군은 '애구지[2]'라는 특별한 이름으로 불려 왔음이 지역 전승으로 확인된다. '애구지'는 금관가야 건국 신화의 무대였던 '구지봉'과 연결되는 지명으로 '애기 구지봉'의 뜻이다. 금관가야의 시조가 내린 곳이 '구지봉'이었으니, 금관가야를 이어 간 후대 왕들이 잠들어 있는 곳을 '애기 구지봉'으로 불리었다." 어찌 되었든 1990년대 초반은 김해가 도시개발을 본격화했던 시점이었다. 따라서 대성동고분군은 지산동고분군이나 말이산

---

1) 길이 약 280m, 너비 약 50m에 이르며, 북쪽에서 남동쪽으로 완만하게 뻗은 독립 구릉이다.
2) 왜꼬지, 애꼬지라 부르기도 했다.

고분군 등과 달리 '도심 속 유산'으로서의 특성을 가지게 되었다. 여기에 대성동고분군의 고민이 있다.

본 글도 가야 문명의 시작점이고 문명 확산에 강력한 영향력을 행사했던 대성동고분군이었음에도, 길었던 몰인식의 시간으로 인해 발생한 후유증(미리 인지하지 못해 생긴 일)과 연계된 미래 보존관리에 초점을 둔다.

II. 금관가야와 대성동고분군의 탄생[3]

가야 문명은 1~6세기에 형성되었으며, 금관가야는 남해와 낙동강을 기반으로 하는 김해만 중심의 교역을 기반으로 1~4세기 가야연맹의 유력한 정치체로 성장했다. 〈가야고분군〉 또한 동시대에 조성되었으며, 그 시대는 동아시아 각지에서 정치적 변동이 일어났던 시기였다. 중국에서는 한(기원전 206~기원후 220년)이 멸망하고, 위진남북조(기원후 220~589년)로 이어진 변혁의 시기였다. 일본열도는 각지에서 정치체가 성장하면서 정치적 연합을 형성했던 시기로, 고훈 시대(3세기 후반~6세기 후반)라 불렸다. 한반도와 만주에서는 중앙집권적 고대국가였던 고구려, 백제, 신라와 함께 가야연맹이 병존했던 시기였다.

당시 가야는 비록 고대국가에는 미치지 못했지만, 연합동맹체를 이룸으로 독특한 가야만의 공통적 특성들을 발현하였다. '같으면서도 차별화된', '다르면서도 공통적인' 가야만의 역사문화적 특성은 가야가 존립했던 원삼국에서 삼국시대에 이르는 긴 시간 동안 한반도에 존재했던 가야인들의 삶

---

3) 〈가야고분군〉의 세계유산 등재를 위한 본격적인 연구가 시작된 2010년대 중반 이후의 각종 글과 자료, 발굴 및 연구보고서, 세계유산 등재 신청서 등을 참조하였다.

의 방식이었고 고유한 문화였다. 그 물증들이 모두 가야고분군에 담겨 있는 것이다. 관련하여 세계유산 〈가야고분군〉은 다음과 같이 정의된다.

"가야고분군은 동북아시아 문화권의 여러 국가가 고대국가로 발전하는 단계 중에 축조되어, 소멸된 가야 문명의 존재를 보여주는 실증적 증거이며, 세계의 민족지 위에서 유일하게 가야의 역사와 문화 전체의 면모를 시각적으로 보여주는 결정체이다. 또한 가야고분군은 중국, 한국, 일본을 포함한 동북아시아 문화권의 역사 발전 단계를 보여주는 중요 사례로써 세계 인류사에 특별한 가치를 보유한 유산이다."

이렇듯 〈가야고분군〉은 특정의 목적을 위해 단기간에 조영된 것이 아니라, 수 세기 동안 오랜 시간을 두고 연합동맹체로써 전체 가야인들이 합의했던 '특별한 약속'을 통해 점진적으로 조영된 것이다.

여기서 두 가지의 의문 아닌 의문이 발생한다. 〈가야고분군〉이 가야의 역사를 대변하는 유일한 물적 증거로서, 가야 문명 전체의 면모를 시각적으로 보여주는 결정체라는 점은 틀림없는 사실이다. 그런데 인류 역사에 나타나는 대부분 왕조가 남긴 결과물에 고분이 단골로 등장하고, 〈가야고분군〉의 외관이 (세계유산에 등재된) 기존 것들에 비해 월등히 화려하거나 탁월하게 인지되지는 않는다는 점이다. 그럼에도 "〈가야고분군〉이 세계유산에 등재된 가치가 무엇이었나?" 하는 것이다.

의외로 답은 간단하다. 세계유산 등재는 유산이 오래되거나 화려하다고 등재되는 것이 아니다. 해당 유산이 해체되거나 파괴되어 보존이 어렵게 된다면 세계 민족지를 구성하고 있던 특징적 요소를 설명할 수 없다고 판단될 때 등재된다. 즉, 〈가야고분군〉이 세계유산으로 등재된 이유는 세계 민족문화의 지평 위에 가야의 역사와 문화가 단 하나뿐이란 사실이고, 그

가야의 역사와 문화의 특징을 압축적으로 또 구체적으로 보여주는 것이 바로 〈가야고분군〉이기 때문이다.

또 하나의 의문은 "800여 개에 이르는 가야의 고분군들에 내재된 공통성, 즉 '특별한 약속'이 무엇이냐?"는 것이다. 〈가야고분군〉에서는 이를 OUV로 표현했고, 객관적인 설명을 위해 1) 지리적 분포, 2) 입지, 3) 묘제, 4) 부장품을 속성(attributes)으로 선택했다.

가야 문명의 결정체로 고분을 설정하고, 동맹체들이 이루어 낸 고분 문화는 비록 분리되어 흩어져 있었음에도 고분을 중심으로 한 공통적인 현상이 있다는 것이다. 관련된 내용은 본 세미나의 다른 발표를 통해 충분히 설명되리라 생각하나, 본 글의 주어진 임무에 맞추어 간략히 살펴본다.

이제 글의 주 대상인 '대성동고분군'으로 들어가 본다. 1~5세기 가야연맹을 구성했던 최상위 지배층 고분군인 대성동고분군은 금관가야의 대표 고분군으로, 가야 정치체가 공유한 고분들의 이른 시기 유형을 설명한다. 대성동고분군은 금관가야의 중심지인 김해 분지의 낮은 구릉지에 조성되어 있고, 작은 하천(해반천)을 따라 남북 방향으로 뻗

김해 대성동 고분군 전경
(자료: 〈가야고분군〉 세계유산 신청서)

어 있다. 목관묘, 목곽묘, 석곽묘로 구성된 수백 기의 고분이 군집하여 조성되어 있으나, 고총의 형식은 아니다. 1990년 이래 현재까지 9차례의 발굴조사를 통해 170여 기의 고분이 조사된 것으로 알려진다.

초기에는 구릉지 주변 평지에 목관묘가 축조되었고, 2세기 후반부터 구릉지 상부로 목곽묘가 확장해 갔다. 3세기 후반부터 5세기 전반까지 구릉지 정상부에 매장부 공간이 넓은 대형 목곽묘가 축조되었고, 중·소형 목곽묘는 대형 목곽묘의 주위와 구릉지 사면부에 축조되었다. 5세기 후반에 구릉지 남쪽 끝에 축조된 석곽묘를 끝으로 고분의 축조는 중단되었다.

문헌에서 금관가야는 532년에 멸망하였고, 이후 김해 지역은 신라에 복속되었다고 기록되어 있다. 이 시간 이후 대성동고분군에서는 더 이상의 무덤 축조는 없었다.

대성동고분군은 가야인의 정신세계를 표출하는 데에 있어 자연 지형을 이용하는 기본 개념은 다른 가야의 고분군들과 유사하나 그 모습은 매우 다르다. 단일 묘가 아니며 구릉을 따라 형성된 고총이 아니다. 확인된 사실

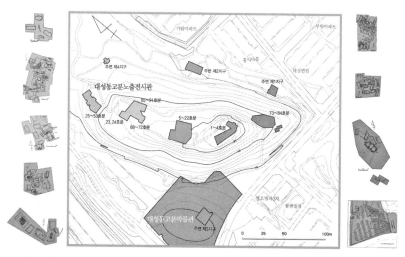

다양한 유형의 묘제가 확인된 대성동고분군(자료: 대성동고분박물관)

중 한 가지는 금관가야 사
람들이 '중첩(중복)'의 방식으
로 고분군을 조성했다는 점
이다. 이 방식은 일정한 공
간 개념(영역, 거리, 규모 등)
속에서 쌓아가는 방식이라
할 수 있다. 수변이라는 협
소한 공간 여건으로 인한 어
쩔 수 없었던 선택이었을 수

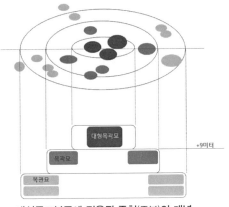

대성동고분군에 적용된 중첩(중복)의 개념

있고, 왕경 구조와 배치 등과 관련된 의도적인 선택이었을 수도 있다.

Ⅲ. 〈가야고분군〉 중 가장 작지만 강한 고분군

전술한 바와 같이 〈가야고분군〉의 가치를 설명하는 속성은 지리적 분포,
입지, 묘제, 부장품 등이다. 본 글은 논지 상 '지리적 분포'와 '입지'에 초점
을 둔다. 〈가야고분군〉에 있어 지리적 분포와 연결 지어 볼 때 가장 뚜렷한
것은 '고대 동아시아 교류의 허브적 특징'이다. 이러한 점은 금관가야가 으
뜸이며, 대성동고분군의 부장유물을 통해 이러한 특징을 확인할 수 있다.[4]

예를 들어, 고분군 29호분이나 1호분에서 출토된 판상철부와 철정 형식
의 덩이쇠는 일본 최초의 경질토기를 탄생시켰던 가야토기의 전파를 설명
한다. 또한 88호분에서 출토된 중국 중원의 진(晉)식 대장식구, 전연(前燕)

---

4) 이하 특성에 대한 기술은 2014~2016년에 걸쳐 집중적으로 연구된 연구보고서들(연구
진: 이영식, 남재우, 박천수, 하승철, 강동진 외)을 참조하였다.

의 청동용기와 마구, 일본열도의 파형동기와 통형동기, 류쿠열도산 패 제품 등과, 91호분에서 출토된 로마 유리기(로만글라스 파편), 전연의 마구와 청동용기, 일본열도산 조개 등은 왜(일본)는 물론, 중국의 중원지역이나 요령 지역과의 직접적 교류와 이들 지역이나 정치체를 매개로 진행되었던 북방 유목민족과의 교류나 이들을 통한 실크로드 상의 교류가 금관가야 지역까지 연결되었음을 보여준다. 특히, 88호분에서 바람개비모양 청동기 12점, 원통모양 청동기 3점, 가락바퀴모양 석제품 2점, 청동화살촉 5점, 청동창 1점이 출토되었는데, 이러한 유물들이 일괄 출토된 것은 일본에서도 그예가 없다. 한 무덤에 부장된 바람개비모양 청동기의 수량 역시 일본을 포

91호분 전경(자료 : 대성동고분박물관)

91호분에서 출토된 로만글라스 파편
(자료 : 김해시)

88호분 전경(자료 : 대성동고분박물관)

88호분에서 출토된 바람개비모양
청동기(자료 : 대성동고분박물관)

함해서도 가장 많은 부장량으로 알려진다.

이같이 대성동고분군은 금관가야가 중국과 일본 등의 왕권 간 교류를 진행했던 것과 북방의 유목민족 문화권과 실크로드 문화권의 문물들과 연계된 고대 동아시아 문물교류의 허브 역할을 분명하게 보여주고 있다.

여기서 확인할 것이 있다. '교류의 방식'이다. 우선 확인할 점은 "어디를 통해 어떻게 교류했을까?"이다. 주된 소통구는 바다 즉, 해로였을 것이다. 〈가야고분군〉 일대는 조금씩 편차는 있지만 모두 낙동강과 그 지류를 통해 연결되어 남해와 연결된다. 이러한 점은 〈가야고분군〉의 지리적 분포로도 설명된다.

"무엇을 교류의 수단으로 삼았는가?"라는 것도 확인 대상이다. 가야의 고분군들에서 가장 많이 출토되는 가야의 도질토기(陶質土器)는 1,200도의 고온에서 제작되어 기벽이 얇으면서 때리면 쇳소리가 날 정도의 강도를 가지고 있으며, 일상 용기는 물론 다양한 이형토기로 제작되었다. 그러나 금관가야가 구야국에서 가락국으로 발전하는 단계였던 기원후 3세기경부터 보다 고온의 소성온도로 훨씬 높은 강도의 도질토기를 탄생시켰는데 이것이 '가야식 토기'이며, 기원전 후에 중국으로부터 전래된 와질토기와는 근본적으로 다른 독자적인 토기 문화를 구현한 것이었다.

이러한 도질토기의 생산 능력은 철을 제련할 수 있는 제철 기술 발달에 필수적인 용광로와 풀무의 사용 등에서 비롯된 것으로, 가야의 철 생산과 직접적인 연관관계를 가지고 있었다.[5] 특히 터널형 가마인 등요(登窯)와 도질토기, 제철의 기술과 문화는 일본열도에 전파되어 일본열도 왜인사회에서 최초의 경질토기인 스에키(須惠器)를 탄생시키기에 이르렀으며, 왜의 제

---

5) 이영식(2014)의 자료에 따르면, 김해 봉황대 유적에서 제철에 사용된 용광로에 꽂아 바람을 넣는 토제 관인 송풍구 파편과 제철할 때 나오는 쇳물의 찌꺼기가 굳은 쇠똥(slag)이 출토되었는데 이 또한 가야 철 생산의 근거라 할 수 있다.

철 기술 수용으로 이어졌다. 결과적으로 가야인들의 국제 교류의 중심에는 풍부한 철과 생산 체계가 있었음을 확인할 수 있다.

선조들은 음양을 따지기 시작하면서부터 무덤을 음의 영역으로 이해하고 정주지와 멀리 두었다. 이처럼 가야인들도 죽음을 두려운 대상으로 보았다면 모든 이들이 관찰할 수 있는 높은 곳에 또 물가에 그리고 마을 주변에 고분군을 조성하지 않았을 것이다. 가야인에 있어 고분은 어두운 죽음의 공간이 아니었던 것이다. 밝혀지지 않은 매장분까지 합치면 수 천기에 이르는 가야의 고분들은 망자들에 대한 특별한 마음과 이를 지켜온 후손들의 간절한 소망이 담겨 있는 곳으로 이해할 수 있다. 그래서 가야인들은 선조들의 무덤을 멀리 두지 않았다. 가까이에 두고 늘 지켜보며 사후세계에 대한 그리움과 애절한 마음을 새겼던 것이다.

이 논리가 적절하다면 가야고분군의 입지가 보다 정확히 조명될 필요가 있다. 왜 그곳에 고분군이 자리 잡았고, 고분군과 왕궁지와 어떤 관계가 있었고, 또한 백성들의 삶과는 어떤 관계를 가졌을까 등에 대한 규명을 말한다.

가야고분군이 왕릉묘역이었다는 사실은 어느 정도 정립된 것으로 보인다 [삼국유사] '가락국기'는 서기 199년 수로왕의 사망을 전하면서 '대궐의 동북쪽 평지'에 왕릉을 조성하였다고 적었는데, 이곳이 지금의 수로왕릉이다. 방위를 돌려 보면 가락왕궁은 수로왕릉 남서쪽에 위치했음을 알게 되는데, 2003년에 경남고고학연구소가 발굴 조사했던 5세기경의 봉황토성[6]이 여기에 해당한다.

---

6) "분산성 서쪽 해발 약 45m 이하의 낮은 구릉에는 2세기 초부터 6세기 전반에 걸쳐 형성된 봉황대유적이 자리 잡고 있다. 패총, 환호, 고상건물지, 가마 등의 생활유적이 복합적으로 존재하고 있어 이 일대에 왕궁지가 있었을 것으로 추정하고 있으며, 가장자리는 수로왕 때 초축한 것으로 생각되는 나성(羅城)이 주위를 에워싸고 있다." (자료: 이지은 (2012) 安羅國 都城의 景觀 硏究. 경남대학교 석사학위논문. p.79.)

수로왕릉 인접의 '가야의 숲 조성부지'에서 동아세아문화재연구원이 조사했던 기원 2세기경의 가3호 목관묘는 대성동고분군이 조영되기 시작하던 단계를 보여주는 유적이다. 이로써 가락국의 왕궁과 왕릉묘역인 대성동고분군이 인접하여 위치했음이 확인되었다.

대성동고분군의 왕궁지 관련 특성

왕궁지	지리여건	수변환경	대표산성	산	주변 유적
봉황대 유적 내 부지	독립된 저구릉지	당시 해안 (古김해만), 서낙동강, 해반천	분성산성	분성산, 경운산, 임호산	구지봉, 수로왕릉, 수릉원, 수로왕비릉, 구산동고분군, 부원동 유적, 관동리 유적(선착장 시설, 창고), 봉황대 유적, 가야인 생활 체험촌 유적(금관가야 주요 항구) 등

'금관가야의 왕궁지가 봉황대 유적'이라는 사실에 대해 학계에서는 다음과 같이 설명한다. "금관가야의 존속기는 고해면기(古海面期)였기에 현재 해반천은 존재하지 않았고, 당시 바다였던 곳은 해발고도가 4m 이내로 낮은 지형을 이루고 있어 지금의 봉황대 가까이 바닷물이 찬 상태였다. 따라서 왕궁지는 당시 낙동강과 연속된 얕은 해안지대였던 것으로 판단되는 고김해만과 접하여 있어 자연스레 해상무역의 발달로 이어졌다. 북동쪽 자락에는 분성산이 도성을 위요하고 있으며, 남쪽 해상으로의 열린 구조와 낙동강을 통한 내륙과의 소통을 통해 금관가야는 다양한 문화를 유입하고 또 전파할 수 있는 유리한 입지를 가지고 있었다."

이와 관련한 사실은 가야고분군 세계유산통합관리지원단에서 구축한 '고김해만 복원도'를 통해 확인할 수 있다.

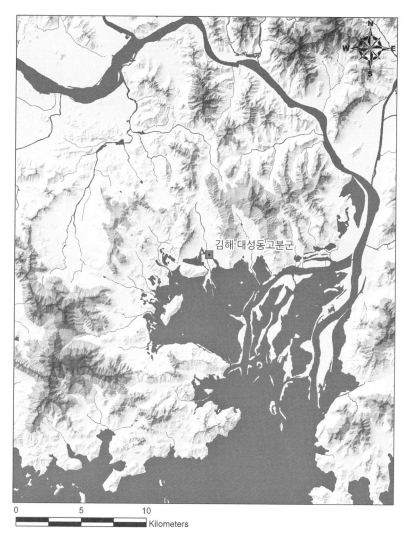

김해 대성동고분군

바다였던 고김해만 복원(도)
(자료 : 가야고분군 세계유산통합관리지원단)

Ⅳ. 도심형 세계유산의 운명, 그리고 나아갈 방향

전술한 바와 같이 대성동고분군이 입지하였던 고김해만 일대는 오랜 시간에 걸쳐 바다에서 습지를 거쳐 토지로 전환되었다. 토지로 전환된 일대는 15세기 중엽 김해읍성이 조영되면서 본격적으로 김해의 중심 지역으로 기능했다. 20세기에 들어, 고김해만의 경계부에 형성된 해반천을 중심으로 좌우 지역은 점차 개발되기 시작했다.

그러나 1990년 대성동고분군의 전모가 밝혀지며, 일대의 개발 속도는 둔화될 수밖에 없었다. 김해시는 1990년대 중반 이후 해반천 일대를 '김해 문화의 거리'로 지정하고 1998년 '국립김해박물관'을 유치하는 등 보행 중심의 역사문화지대로의 조성을 시작했다. 또한 우리나라 최초로 '도시디자

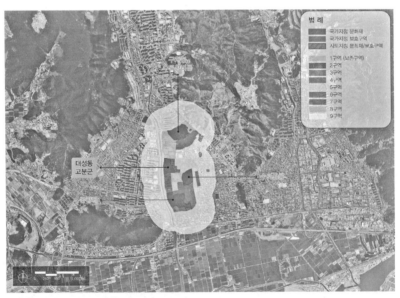

대성동고분군 주변의 보존관리 체계(2020년 상황)

인과'를 설치하는 등 김해가 역사문화도시로 전환될 수 있도록 다양한 노력을 전개했다. 2001년부터 '가야문화환경정비사업'을 본격화했고, 2003년에는 '대성동고분박물관'을 개관하기도 했다.

이러한 흐름 속에서 금관가야의 유적들이 집중된 해반천 일원은 국가문화유산으로 지정과 보호구역에 포함되었고, 김해의 중심지로 발전하고 있었던 지역 상황 속에서 상당수 유산이 '도심형 유산'으로 전환되었다. 개발과 유산의 공존은 이론상으로는 충분히 가능한 일이나, 국내의 현실에서는 그리 녹녹지 않다. 이 부분은 세계유산으로서 대성동고분군이 가진 한계점이자 해소의 대상이라 할 수 있다.

반면, 대성동고분군이 국가 사적이었기에 보호구역을 가지고 있어 '완충구역(buffer zone)' 설정에는 문제가 없었다. 유산구역(property zone)을 보호하는 기능을 가진 '응집된 전체'로 설명되는 완충구역은 유산구역에는 포함되지 않지만, 당사국이 해당 세계유산의 보존관리에 지속적으로 노력할 것임을 약속하는 것과 같다.

최근에는 세계유산 완충구역에서 한발 더 나아가 '와이드 셋팅(wider

세계유산 구역　　**세계유산 완충구역**　　**세계유산 주변환경**

유산구역, 완충구역, 와이드 셋팅의 상호의존 관계
(출처: UNESCO·ICOMOS·IUCN(2022), Guidance and Tollkit for Impact Assessments in a World Heritage Context, p.15)

setting)[7]"의 관리가 중요시되고 있다. 완충구역이 일반적으로 세계유산 구역과 인접한 지역을 의미한다면, 와이드 셋팅은 세계유산에 영향을 미치는 좀 더 넓은 영역을 의미한다. 와이드 셋팅은 세계유산의 지형, 자연 및 건조환경, 그리고 기반시설, 토지이용 패턴, 공간구조, 시각적 관계 등 다른 요소들과 관련되며, 생태학적·수문학적 연결성, 사회적·문화적 관습, 경제적 프로세스, 기타 무형적 차원과도 관련지을 수 있다.

높은 지가의 도시지역이나 잦은 변화가 있는 근교 지역에서는 와이드 셋팅 개념이 지나치다 항변할 수 있을 것이다. 그러나 유산은 자체의 가치만이 중요한 것이 아니라 유산의 탄생과 존립을 지탱하는 사회·기능·공간적인 맥락 보호가 더더욱 중요하니 유네스코의 조치가 이해되고도 남음이 있다.

와이드 셋팅에는 세계유산에 미치는 잠재적 영향을 고려하지 않은 채 각종 계획이 수립될 수 있는 위험 요소가 존재한다. 따라서 유네스코는 와이드 셋팅에 대해서도 '유산 영향 평가(Heritage Impact Assessment)'를 실시하도록 권고하고 있다. 와이드 셋팅의 규모는 유산 별로 다를 수 있다. 예를 들어 해당 세계유산의 OUV가 건축물과 관련되며 시야가 제한되는 경우에는, 와이드 셋팅을 작게 혹은 완충구역과 동일하게 설정할 수 있다. 반면, 세계유산의 OUV에 기여하는 동물의 이동경로를 제공하기 위해 광범위한 야생동물 통로가 필요한 경우에는 와이드 셋팅을 넓게 설정할 수 있다.

이처럼 유산구역과 완충구역 외에 와이드 셋팅 개념을 도입한 유네스코의 의도는 급격히 확산되고 있는 세계유산 주변부의 개발을 제어하기 위한 것이다. 우리나라에서도 2010년대 후반 이후, 공주 공산성 앞 제2금강교

---

7) '주변 환경'으로 번역하기도 하나, 의미상 혼돈의 여지가 있어 '와이드 셋팅'으로 적는다.

건설 논란을 필두로 김포 장릉, 서울 태릉·강릉, 고양 창릉 등 조선왕릉과 관련하여 유사한 논란들이 본격화되고 있다.

김포 장릉은 인천광역시 서구 검단신도시에 건설되고 있는 아파트들이 장릉과 김포, 장릉과 계양산으로 이어지는 조선왕릉의 경관을 훼손시킬 수 있다는 점에서 우려가 지적되었다. 건설사들이 조선왕릉인 김포 장릉 반경 500m 안 역사문화환경보존지역에서 20m 이상 높이로 아파트를 지으면서 사전 심의를 받지 않아 (당시)문화재보호법을 위반했다고 판단하여 2021년 건설사들이 검단신도시에 지은 3천 400여 세대 아파트 44동 중 19동의 공사 중지 명령을 내렸다.

이에 건설사들은 아파트를 짓고 있는 부지가 역사문화환경보존지역에 해당하지 않기 때문에 (당시)문화재보호법 제35조(문화재청장의 허가를 받아 높이 20m를 초과하는 건축물을 건축 가능)가 적용될 수 없다고 반박하며 (당시) 문화재청의 처분을 취소해달라는 소송을 했고 법원이 취소소송과 함께 집

김포 장릉에서의 조망경관 침해 상황(자료 : 국가유산청 궁능유적본부)

행정지 신청을 받아들이면서 공사가 완료되어 입주가 이루어졌다. 이후 수도권을 중심으로 하는 유사한 논란이 추가로 발생하고 있다.

이렇게 도시개발, 전쟁과 폭격, 관광화, 자연재해 등으로 인해 유산의 가치가 위협받거나 OUV에 훼손이 가해진다고 판단될 때, 유네스코에서는 이러한 유산을 '위험에 처한 유산(World Heritage in Danger, 이하 위험유산)'으로 등재하고 집중 관리를 시행한다.

위험유산 등재 기준은 크게 인간 개입과 자연현상 및 재해로 구분되며, [세계유산협약 이행을 위한 운영지침]에서는 인간의 개입을 다음과 같이 구분하고 있다. 이 중 대성동고분군은 ③과도한 도시개발과 산업·관광화, ④도시활성화 방안(자원 및 자금, 관광제도, 거버넌스 등) 부족, ⑧유산경계부 침범 및 보존관리·법제도 부족 등과 관련될 수 있다고 볼 수 있다.

① 전쟁 및 테러로 인한 파괴

② 화재 및 환경오염(산업구조로 인한 오염 등) 등 인재

③ 과도한 도시개발과 산업·관광화

④ 도시활성화 방안(자원 및 자금, 관광제도, 거버넌스 등) 부족

⑤ 당사국의 등재 요청

⑥ 복원 작업 중 건조물 등 파손

⑦ 벌목·밀렵 등 불법행위로 인한 생태계 파괴 및 고유종 멸종 등 개체 수 감소

⑧ 유산경계부 침범(난민 유입, 농업 등) 및 보존관리·법제도 부족

⑨ 공공 및 민간의 소유권 분쟁·토지사유화

위험유산 등재 기준(문화유산)

『세계유산협약 이행을 위한 운영지침』

확실한 위험 (Ascertained Danger)	① 부재의 심각한 훼손
	② 구조 및/또는 장식물의 심각한 훼손
	③ 건축 또는 도시계획 일관성의 심각한 훼손
	④ 도시나 농촌 공간 또는 자연환경의 심각한 훼손
	⑤ 역사적 진정성의 상당한 소실
	⑥ 문화적 중요성의 중대한 소실
잠재적 위험 (Potential Danger)	① 보호 수준을 저하 시키는 유산의 법적 지위 변경
	② 보존 정책의 부족
	③ 지역 계획사업의 위협적 영향
	④ 도시계획의 위협적 영향
	⑤ 무장 충돌의 발발 또는 위험
	⑥ 기후, 지질 혹은 다른 환경 요소들의 위협적 영향

　현재까지 등재된 위험유산들을 분석한 결과, 유산 경계부 침범 및 보존 관리·법제도 부족이 전체의 29%를, 과도한 도시개발과 산업·관광화가 22%를 차지하는 것으로 나타났다. 대성동고분군도 이러한 면에 있어 갈등의 잠재력이 있을 수 있기에 장기적인 대책 마련이 필요할 것으로 보인다.

　또한 유네스코에서는 위험유산의 원인인 위험을 '확실한 위험(ascertained danger)'과 '잠재적 위험(potential danger)'으로 구분하는데 대성동고분군의 상황은 잠재적 위험군과 관련된다고 볼 수 있다.

　구체적인 예를 들어 본다. 1972년 세계유산 제도가 시행된 이후 현재까지 1,223건의 유산이 세계유산으로 등재되어 있다. '오만의 아라비안 오릭스 보호구역'과 '독일의 드레스덴 엘베 계곡', '영국의 리버풀 해양산업도시' 등 3건은 OUV가 훼손되어 세계유산으로서 지위를 박탈당하고 등재가 취소되었다. 드레스덴 엘베계곡은 2006년에 지역 교통난 해소를 위해 엘베 계곡을 가로지르는 4차선 교량인 발트슐뢰스쉔(Waldschlösschen) 교량의 건설이 계획되어 해당 교량을 유산구역 내 구시가지 근처에 건설함으로써 엘베 계곡의 경관 가치를 잃어버렸고, 결국 세계유산위원회의 결의에 의해 2009년 세계유산 목록에서 제외되었다.

등재 취소된 드레스덴 엘베계곡과 원인을 제공한 철교(자료: UNESCO)

리버풀-해양무역도시는 해양무역도시라는 역사적 가치를 무시한 채 1848년부터 1988년까지 석탄 수출과 증기선 기착지로 쓰였던 브램리 무어 도크(Bramley Moore Dock)를 허물고 5만석 규모의 축구경기장 신설을 포함한 대규모 상업지구 건설 사업을 완충구역 내에 추진하였다. 또한 영국은 세계유산위원회의 계획안 제출 요청에 반복적으로 응하지 않아, 결국

등재 취소된 리버풀-해양무역도시와 원인을 제공한 스타디움 건설(자료: UNESCO)

10여 년간 논쟁 끝에 위원회 결의에 따라 2021년 세계유산 목록에서 제외되고 말았다.

등재 취소된 3건의 유산 중 2건이 유럽에서, 그것도 유산 보존관리에 취약한 재정구조를 가진 저개발 국가가 아닌 문화 선진국임을 자부하는 독일과 영국에서 잇따라 나왔다는 사실은 세계유산의 등재도 중요하지만, 등재 후의 지속적인 유산 보존과 지역에서의 개발 수요 간의 적절한 균형 유지가 결코 간단하지 않은 일임을 보여준다.

이러한 사실을 통해, 세계유산의 유형이 급속히 다원화되면서 유산 보존의 중요한 방향이 단일 기념물의 보호에 집중하기보다 주변 경관과의 조화, 맥락의 이해를 동반한 면(面) 차원의 보존관리로 나아가고 있음을 알 수 있다. 이는 유산의 보존관리가 도시계획적인 차원에서 함께 고려되어야 함을 의미하며, 이를 위해서는 보존관리 실행 상의 변화 즉 통합·체계적인 관리, 완충지구와 와이드 셋팅에 대한 정교한 지침 발굴과 실행, 지속가능한 모니터링 시스템 구축 등이 선행되어야 함을 알려준다.

따라서 효율적인 보존관리를 위해서는 보존관리계획의 수립 단계에서부터 지역·도시계획과의 상호 연계가 반드시 고려되어야 하며 도시기본계획, 경관계획, 관광계획, 주민참여계획 등이 함께 맞물려 작동할 수 있는 통합형 관리체계가 우선 구축되어야 한다.

세계유산 등재와 관련한 논점들은 '등재 전'과 '등재 후'로 대별이 가능하다. 등재 전에 발생할 수 있는 논점에서 가장 중요한 것은 '등재 유산이 가지는 OUV가 무엇이냐'하는 것이다. 이것은 사실 논점이라기보다는 등재 추진의 핵심 사안이라 할 수 있다. 등재 후 논점은 '도시개발 문제'와 '과잉 관광 문제'로 대별 할 수 있다.

등재 후 관광 활성화는 지역주민들을 위한 일자리 확대, 수익 증대, 지방 및 지역시장의 형성과 활성화 등을 통해 경제적 기회를 확대함으로써 여러 혜택을 제공할 수 있다. 세계유산과 관련하여 관광은 지역주민들을 위한 일자리 확대, 수익 증대, 지방 및 지역 경제마켓의 형성과 활성화 등을 통해 다양한 경제 혜택을 제공해 줄 수 있다. 또한 관광은 자연 및 문화유산 보호, 교육과 해설을 통한 보존 가치 전파, 성공적인 환경 보전 사례의 연구 및 개발 지원 등에도 이바지할 수 있다. 아울러 관광은 기반시설의 개선, 서로 다른 문화 간의 이해 폭 증대, 지역 내 문화와 전통에 대한 지역민들의 가치관 정립 등을 통해 삶의 질을 높이는 데에도 도움을 줄 수 있다.

이러한 관광 혜택에 대한 기대 심리로 세계유산에 대한 관심이 급격히 높아지고 있으나, 이에 따른 부작용들도 급속히 증가하고 있다. 이를 '과잉 관광'으로 정의할 수 있으며 유산지역 내 지원시설 개발에 따른 유산 원형의 파괴 및 환경·경관적 악화, 관광객들의 대량소비에 따른 사회적 부작용 증가, 부적절하거나 과도한 관광시설 개발 등을 포함하는 침범성의 과도한 노출 등의 유형으로 나타난다.

이런 논지도 있다. 유산, 특히 문화유산은 박제화 또는 화석화되면 생명력을 잃으니 널리 활용해야 한다는 것이다. 활용이 지역경제에 도움도 되니 두 마리 토끼를 잡아야 한다는 주장이다. 틀린 얘기는 아니다. 이처럼 전반적으로 세계유산을 활용하려는 경향은 점차 강화되고 있다.

21세기에 들어 세계유산 등재와 관련된 지역관광 활성화라는 주제의 존재감은 급속도로 커지고 있다. 이러한 현상을 의도적으로 피하거나 멀리할 필요는 없다. 그러나 활용은 변화를 필연적으로 발생하게 한다. 보존을 위해 어쩔 수 없는 활용을 허용할 수도 있겠지만, 활용을 우선시한다면 유산의 가치를 잃어버리기 십상이다. 돈에 욕심을 내다보면 그 변화가 수용의 한계를 넘어 도리어 유산을 위협하기도 한다. 결국 보존이 먼저여야 한다는 것이다.

세계유산에 있어 가장 이상적인 상황은 보존이 우선되며 활용이 따라오는 것이다. 보존에 힘쓰다 보면 활용에 따른 관광이나 경제 효과는 자연스레 따라올 것이다. 이러한 차원에서 '지속가능한 세계유산'이란 말을 떠올릴 수 있다. 보존과 활용, 보존과 개발 또는 발전은 동전의 양면과도 같다. 어떻게 중심을 잡고 균형을 이루어 가느냐가 관건이다. 활용을 지혜의 도구로 삼아야 한다.

이러한 논의의 중심에는 지역공동체의 역할이 존재한다. 유네스코가 세계유산 협약의 이행을 촉진하기 위해 정립한 전략 목표[8]에 뒤늦게 지역공동체(community)를 추가한 것도 이러한 면이 반영된 것이다. 개발에 따른 경제성장에 익숙한 사람에게 보존 가치를 설명하고 또 설득하는 일은 쉽지 않은 일이다. 이론이나 말로는 설명할 수 있지만, 현장에서의 현실은 매우 어려운 것이 사실이다. 결론적으로 지역사회의 의식 변화가 필수적이며, 이러한 변화는 공감으로 더 나아가 공생으로 나아가는 기반이 되어 줄 것이다.

1979년 최초 세계유산이 등재된 이래, 2024년 현재 168개국 1,233건의 유산이 등재되어 있다. 잠정목록도 1,700여 건에 이르니 전 세계가 세계유산 열풍에 사로잡혀 있다고 해도 과언이 아니다. 왜 이렇게 세계유산에 매달리게 되었을까. 현재 우리나라도 세계 흐름에 따라 문화재 개념에서 유산 개념으로 혁신 수준의 대대적인 변화를 시도하고 있다. 왜 이리 60여 년 동안 관습화된 시스템을 완전히 변화시킬 정도로 유산 개념에 매달리고 있을까.

이 의문은 협약 40주년을 준비하며 열렸던 2011년 총회 기념사에서 당시 이리나 보코바(Irina G. Bokova) 전 유네스코 사무총장의 연설에서 해소

---

8) 2002년 최초 정립 시에는 신뢰성(Credibility), 보존(Conservation), 역량구축(Capacity-Building), 소통(Communication)으로 구성되었으나, 5년 뒤인 2007년에 지역공동체(Community)를 추가하여 5Cs로 재정립했다.

의 틈을 찾을 수 있다.

> "유산은 기후변화, 사회변동, 민족들 간 화해의 과정이라는 기로에 서 있다. 유산은 민족의 정체성이나 소속감에도 영향을 미치지만 지역공동체(사회)의 지속가능한 경제·사회 발전과도 중대한 관계를 가진다."
> "유산은 미래를 위한 투자다. 이것은 유산을 영원히 지속될 수 있도록 하는 견고한 토대를 만들어 가는 일이다. 유산을 무시한다면, 즉 우리의 뿌리를 자른다면, 결국 우리의 날개는 꺾일 것이다."

전 세계 곳곳에 흔적과 기억으로 남아있는 자연유산과 문화유산을 지키며 이에 근거하여 문화 다양성을 증진하는 것은 '인류애적이며 민주적인 세계화를 위해 유네스코가 취할 수 있는 가장 강력한 도구'라는 그녀의 주장과 궤를 같이 한다. 즉, 전 인류가 공감할 수 있는 유산을 찾아내어 이를 세계유산이라 명명하고, 국제사회가 함께 보존관리 하는 과정의 실행은 유네스코가 인류 문화의 번영과 창달에 가장 기여할 수 있는 방법이라는 것이다.

오늘 논의의 대상인 대성동고분군은 물론 〈가야고분군〉 전체가 이러한 유네스코의 정신 가치를 존중하며 동행할 필요가 있다.

V. 나가며 : 지속가능한 미래 그리고 세계유산

'지속가능'이란 용어는 처음에는 경제적인 이슈의 설명 용어로 등장했지만, 지금 보다 나은 인류의 삶을 지향하는 용어로 보편적으로 사용하고 있다. 유엔은 현재를 사는 우리가 후손들이 보다 나은 미래를 누릴 수 있도록 도모하는 발전, 즉 '지속가능한 발전(Environmentally Sound and Sustained Development)'의 이름으로 17개 목표를 설정하며 본격화하고 있다. 여기에는 유산도 하나의 매개체로서 중요한 역할을 수행하고 있다.

전승의 의미를 내포하고 있는 유산은 이미 단어 자체에 지속가능의 의미를 품고 있다고 볼 수 있다. 과거 우리의 조상들이 만들고 보존하고 가꾸어 온 그러한 자연 또는 문화적 현상을 우리가 보존하고 활용하여 우리의 후손들에게 그대로 물려주어 그들이 또한 지속적으로 보존하고 활용할 수 있다면 이건 바로 지속가능한 자원임을 보여주는 것이기 때문이다.

지속가능한 유산. 이 중에서도 세계유산으로 등재된 유산들은 탁월한 보편적 가치를 지닌 세계에서 인정받은 유산들이다. 그렇기에 전 세계인이 함께 보호하여야 하는 유산이고 보존을 위해 함께 노력해야 하는 유산이다.

세계유산을 보유하는 것은 문화 선진국으로 가는 지름길을 확보하는 것이며, 지역경제 활성화에 큰 도움이 된다는 것은 국제사회에서의 보편화된 진리다. 〈가야고분군〉의 세계유산 등재는 이러한 일반 목적을 뛰어넘는다. 세계 민족지 위에 잊혀져있던 가야 문명의 존재를 공식적으로 알림과 동시에 가야인들의 삶을 세계만방에 드러내는 일이다. 어쩌면 가야의 역사와 문화를 집약시켜 보여주는 〈가야고분군〉의 세계유산 등재는 가야 문명 탄생 이래 가장 중요한, 아니 고대국가 가야의 발전 과정을 이해할 수 있는 가야사의 새로운 전기를 맞는 대역사의 순간이라 할 수 있다.

이 순간을 최대의 기회로 삼기 위해서는 선조들이 공통된 약속과 연대로 가야 문명을 발전시켰던 것처럼, 우리도 〈가야고분군〉의 모든 관련자가 '원 팀(one team)'이 되어야 한다. 그것도 강력한 원 팀이 되어야 한다.

국가 또한 멀찍이서 방관할 것이 아니라, 〈가야고분군〉의 세계유산 등재에 따른 다양한 실천의 길을 열어주고 물심양면으로 적극 지원해야 할 것이다. 왜냐면 〈가야고분군〉의 세계유산 등재는 또 하나의 세계유산이 추가된 것을 넘어, 대한민국 역사의 한 페이지를 장식했던 잃어버린 가야의 600년을 되찾는 결정적인 시금석이 될 것이기 때문이다.

참고문헌

강동진, 2018, [강동진 칼럼] 사라진 가야문명의 귀환을 고대하며(국제신문 018.11.-8.)

경상북도.경상남도.고령군.김해시.함안군, 2016, 『가야고분군 세계유산 등재 비교연구』.

대한민국, 2022, 『가야고분군 세계유산 신청서』.

이혜은 · 강동진, 2024, 세계유산, 커뮤니게이션스북스.

Amareswar Galla(Eds.)(2012) *World Heritage: Benefits Beyond Borders*. Unesco World Heritage Center. 유네스코 한국위원회 역(2013) ≪세계유산: 인류를 위한 혜택≫. 유네스코 한국위원회.

Francesco BANDARIN(Eds.)(2007). *World Heritage – Challenges for the Millennium*. UNESCO World Heritage Centre. 유네스코 한국위원회 · 수원시(2010). ≪세계유산: 새천년을 향한 도전≫. 유네스코 한국위원회.

UNESCO World Heritage Center(2024.8.15.) https://whc.unesco.org/en/list

강동진, 「가야의 시작점, 도심형 세계유산으로서의 김해 대성동고분군」에 대한 토론문

김수환 (경상남도 문화유산위원회)

- 가야고분군의 세계유산적 가치와 대성동고분군의 홍보방향

가야고분군과 가야의 역사는 학술적 연구 대상으로 전문연구자들에 의해 다양한 학설과 견해가 제시되고 있다. 어떤 사안에 대해서는 어느 정도 합의가 이루어지기도 하지만, 어떤 사안에 대해서는 견해차가 너무 커 수십 년 동안 논쟁을 벌이며 평행선을 달리기도 한다.

이러한 상황 속에서 관련 학계 전문가, 세계유산 등재추진단(현 세계유산 통합관리지원단), 문화재청(현 국가유산청)을 비롯하여 많은 자문위원, 검토위원들의 연구와 토론을 통해 가야고분군의 세계유산으로서의 탁월하고 보편적 가치(OUV)를 추출하였고, 7개 고분군 소재 광역과 기초 지자체의 노력에 힘입어 등재 추진 10여 년 만에 최종 등재에 성공하였다. 지난해 9월 제45차 유네스코 세계유산위원회에서는 가야고분군의 등재를 결정하면서 권고사항을 제시하였으며 그중 구성요소(7개 고분군) 전 지역에 대한 홍보 전략 개발에 대한 사항을 주문하였다.

여기에 지자체들의 적지 않은 고민이 있으며, 등재추진 초기부터 직간접적으로 관련 업무를 수행했던 토론자 또한 동일한 고민을 가지고 있다. 이는 심재용 선생님이 제시했던 대성동고분군의 세계유산적 가치와도 연결되는 문제이다. 즉 가야고분군의 세계유산적 가치와 속성에 대한 연구자간의 이견, 7개 지자체마다 정립해 온 지역가야사와의 차이 등 이는 자칫

유산의 수요자인 지역주민과 국민들에 혼란을 초래할 수 있다는 우려가 생긴다.

이에 세계유산으로서 전체 가야고분군과 개별 가야고분군을 함께 교육, 홍보해야 하는 김해시를 비롯한 지자체, 행정기구에서는 학계의 다양한 연구성과와 견해를 어떻게 정리하고 설명하는 것이 최선일지 세계유산의 등재 이후 교육, 홍보의 전 세계적 사례를 잘 알고 계시는 강동진 선생님의 의견을 부탁드린다.

- 도심형 세계유산 대성동고분군의 완충구역, 와이드 셋팅의 관리 방향

강동진 선생님께서는 세계유산 등재 이후 모두가 관광자원화를 통한 활용에 집중할 때, 간과할 수 있는 가야고분군의 보존과 지속가능한 발전이라는 측면에서 중요한 이야기를 해주셨다. 특히 세계유산 보호를 위한 완충구역 외에도 유네스코가 새롭게 도입한 와이드 셋팅(주변환경)이라는 개념과 필요성도 제시하였다.

김해시는 인구 소멸의 위기 속에서도 인구가 조금씩 늘어나고, 도시공간이 확장되고, 최근 대성동, 봉황동 등의 주요 문화유산들을 포함한 구도심의 재개발이 화두인 지방자치단체이다. 때문에 세계유산 가야고분군이 소재한 7개 지자체 중 완충구역과 와이드 셋팅의 관리가 가장 쉽지 않은 곳이다. 이는 발표문 제목에도 있듯이 대성동고분군이 '도심형 세계유산'이기에 받아들여야 할 숙명이기도 하다.

세계유산으로서의 가치 보존과 지역주민의 재산권 행사 사이의 깊은 고민은 심재용 선생님의 발표문 후반부에 잘 담겨 있다. 김해시는 세계유산 대성동고분군을 포함한 금관가야 왕도 유적의 벨트화, 역사문화권 정비사업 추진 등을 통해 도심형 세계유산을 잘 보존관리해 나갈 계획임을 밝혔다. 이에 대해 대성동고분군 완충구역의 철저한 관리, 와이드 셋팅 효율적 관리(유산 영향 평가 포함)를 위해 김해시가 중점적으로 해 나가야할 것들에 대한 의견 부탁드린다.

강동진, 「가야의 시작점, 도심형 세계유산으로서의 김해 대성동고분군」에 대한 토론문

김민재 (인제대학교)

개인적으로 김해에서 태어나 김해에서 자라났다. 학업과 직장으로 15년 여 김해를 떠났다 연어처럼 다시 고향으로 돌아왔다. 김해와 김해의 역사를 배우며 성장했다고 자부했지만 네 전문가의 발제는 또다른 공부였다. 좋은 공부이면서 과제를 동시에 준 것은 아닐까 싶다.

타케스에 준이치 교수님께서 대성동과 일본을 오가며 쓰신 글은 흥미롭게 다가왔다. 특히 일본에 가지 않은 문물, 일본으로부터 오지 않은 문물을 이야기하며 강조한 '금관가야 교역'이라는 단어는 김해에 살아가는 시민의 가슴을 뛰게 만들기 충분했다. 구체적인 사료와 함께 제시한 주장들은 논리적 설득력을 갖기에 충분했다고 생각된다.

'대성동고분군의 가치와 활용방안' 중요한 주제라고 생각된다. 그간 조사된 방대한 내용을 일목요연하게 정리하여 독자가 이해하기 쉽게, 시민들이 피부로 느낄 수 있도록 정보가 제공되었다고 사료된다. 개인적으로는 발제의 주제처럼 '세계유산적 가치'를 한 번 확인해보는 작업도 필요할 것 같다. 비시장재화의 가치추정법인 조건부가치추정법(CVM, Contingent Valuation Methods)나 선택실험법(CE, Choice Experiments)을 활용하면 대성동고분군의 경제적 가치를 추정할 수 있다. 정량적으로 추정된 가치는 시민들에게 좀 더 쉽고 효율적으로 정보를 제공할 수 있을 뿐 아니라 중앙 부처와의 협의, 연계사업 개발 및 추진에 있어서도 많은 이점을 제공해 줄 수 있을 것이다.

'김해 대성동고분군, 새로 찾은 유물들'에서 제시한 시대별, 유형별 유물의 종류를 통해 금관가야의 발전과 위상을 짐작할 수 있었다. 금관가야인의 성별, 키, 병리학적인 추가 연구와 더불어 마지막 주장처럼 일반인들도 흥미를 갖고 쉽게 접근할 수 있는 방안에 대한 연구도 시급하게 추진되어야 할 것으로 판단된다. 특히, 관내 초·중·고교와 연계한 가야사 교육은 김해를 살아가는 김해시민들에게 중요한 콘텐츠로 자리매김 할 수 있을 것이라 생각한다.

세 편의 발제도 매우 인상 깊게 읽으며 좋은 공부가 되었지만, 공간을 다루는 연구자의 입장에서 강동진 교수님께서 발제하신 자료를 통해 새로운 지식을 습득하는 동시에 많은 고민과 함께 얻을 수 있었다.

- 강동진, 「가야의 시작점, 도심형 세계유산으로서의 김해 대성동 고분군」

4장에서 제시하는 김해가 나아갈 방향은 정책수립 및 추진과 관련된 관계자들에게 많은 함의를 제공한다.

'와이드 셋팅(wider setting)'에 대한 중요성은 지자체가 세계유산 주변부 관리 계획과 실행에 얼마나 많은 고민을 해야 하는지 경각심과 함께 과제를 던져주는 대목이다. 제시하고 있는 김포 장릉, 독일 드레스덴, 영국 리버풀 사례와 같이 지속적인 유산 보존과 지역 개발 간 균형은 쉽지 않은 문제이다.

때문에 발제자의 주장처럼 '효율적인 보존관리를 위해서는 보존관리계획의 수립 단계에서부터 지역·도시계획과의 상호 연계가 반드시 고려되어야 하며 도시기본계획, 경관계획, 관광계획, 주민참여계획 등이 함께 맞물려 작동할 수 있는 통합형 관리체계가 우선 구축되어야 한다.'는 것이 전적으로 동감하는 바이다.

이미 많은 국내외 선행연구에서 '역사적 도시 경관(Historic Urban Landscape)'을 보존하는 동시에 도시의 지속 가능성을 이루기 위한 통합적 추진 방안을 논의하고 제시했다.

추진 과정에서 문화재청의 '문화재 보존·관리·활용 기본계획' 등이 좋은 지침이 될 것이다. UNESCO의 'Operational Guidelines for the Implementation of the World Heritage Convention(2021)' 등도 참고가 될 것이다.

지자체가 세우는 많은 법정 계획 간 괴리 문제는 학계에서 빈번하게 제기해왔다. 대성동 고분군을 계기로 김해에서 선도적으로 통합형 관리체계를 구축하고 유산의 보존과 주변부의 균형 있는 개발을 함께 이뤄나가 선도적인 모델(reference model)을 제시하길 희망해본다.

도시계획·설계와 문화유산 보존이 상호 보완적으로 작동할 때 유산의 지속 가능한 관리와 함께 도시공간의 체계적 관리가 가능할 것이다. 이와 같은 통합적 접근의 시도를 김해시가 해주기를 기대하는 바이다.

金海大成洞古墳群と日本

武末純一*

Ⅰ. はじめに

　韓半島南部の原三国(三韓)時代は、日本の弥生時代後半期(紀元前1世紀～紀元後3世紀前半)に相当する。この時期の日本の対外交易は北部九州が中心であった。漁村の中からは海上交易活動を主体とする海村があらわれ、交易の対価に中国銭貨も使われる。出土する土器からみると、弁韓・辰韓の原三国時代瓦質土器に示される三韓交易と、楽浪土器に示される楽浪交易の二者が存在した(武末純一2021)。

　金海大成洞古墳群が出現し盛行した三国時代前期は、日本の古墳時代前期(3世紀後半～4世紀)に相当する。この時期の海村には福岡

＊ 福岡大学

市西新町遺跡があり、国際交流港となって、近畿まで対外交易ルートが一本化する。ここでは先ず西新町遺跡の様相を述べ、次に大型板状鉄斧形鉄鋌(以下、鉄斧形鉄鋌)(1)からみて交易の主目的は「加耶の鉄」であること、金官加耶から日本に行かなかった文物や日本から金官加耶に行かなかった文物を考えると、交易の中心は金官加耶であったことを明らかにする。

II. 西新町遺跡の様相

　古墳時代前期(3世紀後半〜4世紀)には福岡市西新町遺跡が対外交易の国際交流港となり、韓半島三国時代系の遺物が、この時期の日本列島では珍しく大量に出る。

　これまでの調査成果からすると、遺跡は大きく西地区と東地区に分かれ、東地区では加耶土器の丸底短頸壺2点と、土師器質の加耶系炉形土器が出た。西地区では、加耶土器もあるが、直口で棒状把手を持ち平底に小さな蒸気孔が多数あく軟質土器甑、頸部が一度直立する軟質土器小型平底鉢や、大きな平底で把手の孔が上下に貫通する瓦質・陶質土器の短頸直口壺など、全羅道(湖南)地域の百済(馬韓)土器が主体をなす(図1)。西新町の渡来人は、東地区が加耶系、西地区は百済(馬韓)系が主体であった。

　渡来人の居住を示す資料には、ほかに粘土で構築した一つ掛けの竈(図2-3)があり、嶺南地域や湖南地域に類例がある。この時期の北部九州の火処は住居の中央を掘りくぼめた中央炉(図2-1)だから、

渡来人は故地の竈を再現した。このほかに、壁際に偏った炉(偏在炉、図2－2)を持つ住居J郡が、竈をもつ住居群の周りにある。その外側には中央炉の住居群があるから、偏在炉は在来人と渡来人の接触・交流で出現した火処である。

　在来人と渡来人の相互交流・影響関係は、三国土器の要素が入った変容土師器や、土師器の要素が入った変容三国土器にも現れる。

　変容土師器の布留式系甕には布留式甕(図3－3)と比べると、百済(馬韓)土器の有孔把手を持ち、内面もヘラケズリではなくナデ仕上げの分厚い例(図3－1)と、形態やケズリによる器壁の薄さは同じだが、三国土器の要素である斜格子のタタキ目を持つ例(図3－2)がある、図式的には前者が渡来人製作、後者は倭人製作となる。

　変容三国土器では、三国土器甑(図3－4)と比べると、直口内屈する平底の無頸壺で、つくりも形も土師器だが、底部付近外面を横ケズリして底部に小円孔を多数あけ、倭人製作と考えられる甑(図3－6)と、土師器の技法である内面ヘラケズリを施すが、加耶西部地域の要素が強い加耶人製作の甑(図3－5)がある。

　こうした変容土器は、竈や偏在炉とともに倭人と百済(馬韓)人や加耶人の混住を示す。ただし、土器の量は土師器が圧倒的で、山陰系や山陽系、近畿系、北部九州系など多軸性がみられる。韓半島系土器だけが出る住居はなく、渡来人は西日本各地の倭人と混住した。同様な三国土器は壱岐島の原の辻遺跡(図4－1〜7)のほかに、山陰・山陽・近畿地域の遺跡でも出ており、対外交易ルートは近畿まで1本化した。

　西新町遺跡の周囲の遺跡も含めて、日本ではこの時期の竈や渡来系の炊事用土器はほとんど出ず、これは規制の強さや、地域レベル

での生活文化定着の失敗を示す。また、本遺跡の墓地である福岡市
藤崎遺跡に確実な韓半島三国系土器は無く、渡来人の確実な墳墓も
無いから、「往来する渡来人」の可能性がある。その他、本遺跡で出
た2点の中国銭貨(図2−4·5)は、弥生時代以来の中国銭貨による交易
の終末期に当たることを示す。

III. 鉄斧形鉄鋌

　西新町遺跡での交易の主目的は、4世紀前半代の土師器と共に5次2
号住居跡で出た鉄斧形鉄鋌(図8−3)からみて、「加耶の鉄」であった。
この鉄斧形鉄鋌は全長33.4㎝、頭部幅8.0㎝、刃部復元幅12.5㎝、最
大厚1.2㎝である。

　こうした鉄斧形鉄鋌は、現在のところ、日本では北部九州でのみ
出ている。まず注目されるのは、福岡県小郡市花耸(はなそげ)2号墳
出土例である。花耸2号墳は標高43mの丘陵尾根にあり、1975年7月
からの老人ホーム建設工事で墳丘が確認された。すでに工事のため
に掘られた穴などに、鉄斧形鉄鋌(2)16点(図5−1〜15、図6−16)の
ほかに、刀子17点、方形板刃先3点、斧1点、鉇？2点、鑿1点、鋸2点
などの鉄器(図7)が無造作に置かれており、山本信夫が採集して報告
した(大沢正己·山本信夫1977)。後日、福岡県教育委員会が発掘の予
定だったが、その前に破壊された。そのため墳丘形態、規模、内部主
体、遺物の出土状況などは不明で、削平前の状況からは全長30mの
前方後円墳と考えられた。一方で、1976年3月の周溝確認調査から

は、直径32mの円墳の可能性が高くなった。鉄斧形鉄鋌16点は全長29.2cm〜31.2cmで、頭部幅(6.1〜7.0cm)が最も狭く、頭部から刃部付近までは緩やかに広がって、刃部で大きく広がる。完形品での最大厚は1.1〜0.85cmである。実見の結果では明確な刃はつかず、刃端部でも2〜3mmの厚さがある。これまでこれらの鉄器は5世紀前半代、早く見る説でも4世紀4/4分期とされた。しかし、類例との比較検討からは、中心年代は3世紀後半〜4世紀前半で、4世紀後半まで新しくはならない。

福岡県宗像市久原瀧ヶ下(くばるたきがした)3号住居跡で3世紀後半の土師器と共伴した鉄斧形鉄鋌(図8ー6)は、全長31.8cm、刃部幅7.0cm、推定最大厚0.9cmとされ、細長く、推定頭部幅は5.2cmほどである。片方の側縁が湾曲している。

福岡県朝倉市二塚遺跡では1966年の朝倉高校史学部の発掘で、1号石棺の床石下から鉄斧形鉄鋌が2点出た。この鉄鋌は「鏨(タガネ)」と報告された。1点は早くに行方不明となり、もう1点は公表された図面((図9ー1)から、全長30.0cm、頭部幅4.4cm、刃部幅6.1cmとなるが、これも現在は行方不明である。全体の中ほどで、わずかに幅が広くなる特徴がある。

北部九州から出たこれらの鉄斧形鉄鋌は、共伴した土師器から見ると、久原瀧ヶ下例が西新町例より先行するから、幅狭から幅広に変化すると考えられる。そこで、長さに対する頭部幅の割合(長幅比)を見ると、二塚例が14.7%で最も狭く、次に久原瀧ヶ下例が16.4%、西新町例は24.0%である。花簣2号例は最も狭い15が18.7%、最も広い8が22.4%で、19〜20%台が多いから、この数値からすれば久原瀧ヶ下例と西新町例の間に位置する。花簣2号墳で出た方形板刃先3点

(図7－8〜10)は、4世紀後半から5世紀初頭の福岡市舞松原古墳や福岡市老司古墳3号石室の方形板刃先(図12－6·7、図12－1〜4)よりも横長に対して縦長が短く、3世紀後半〜4世紀初の朝倉市神蔵古墳の方形板刃先(図12－8)が同様な形態である(3)ことも、この推定を傍証する。

　鉄斧形鉄鋌は金官加耶の3世紀後半〜4世紀前半(Ⅰ〜Ⅲ段階(4))の墳墓で大量に出ている。

　金海良洞里遺跡では、東義大学校博物館調査の280号墳例が注目される(図9－2〜6)。全長25.8〜26.9cmで二塚例よりもやや短いが、平面がわずかに中膨らみで、頭部幅4.4cmと同じである(4)。二塚例よりも全長が短いため、長幅比は16.3〜16.7%である。また235号墳(図9－7〜13)では、図示された全長30.2cm、長幅比24.8%の幅広のもの1点(図9－13)のほかに、床に敷かれた30点の鉄斧形鉄鋌がある(図9－12)。そのうちの1点(図9－11)は全長32cmほどで、幅が狭く、長幅比は18%ほどになる。この個体は片側の湾曲が強くて、久原瀧ヶ下例に近似する。

　一方、金海大成洞29号墳では、長幅比17.7%で片側の湾曲が強い例もあるが、ほとんどが長幅比19〜20%台で、形態的にも花箸2号墳例に近い(図9－14〜20)。金海大成洞古墳群の大型板状鉄斧形鉄鋌は、1段階の29号墳とその形態を維持する88号墳(図10－1〜8)の間に空白期間があるため、不明な点が残る。88号墳の鉄斧形鉄鋌は、長幅比が西新町例と同様な23.1%、23.4%、25.7%の3点(図10－2〜4)のほかに、長幅比29.1%で身部最大幅(9.5cm)よりも頭部が広くなった(10.0cm)例を含む(図10－1)。全体の平面形も西新町例や大成洞29号例と比べて、いずれも上半部側縁が平行する。西新町例は金海大

成洞88号例よりやや先行すると見られる。西新町例に近い例には、昌原三東洞3号石棺墓出土例3点(図11－11～13)もあり、平面形のほかに長幅比も23.0%、23.8%、24.4%とほぼ同じで、4世紀前半代とみて差し支えない。このほか、金海大成洞70号墳(図10－9～14)や94号墳(図10－15～20)、95号墳、108号墳(図11－1～4)でも鉄斧形鉄鋌が出ているが、長幅比が20%台後半から30%を超すようになって、厚さも薄くなり刃部まで一定のものが多くなる。また、頭部も広がった通常の鉄鋌が多くなる。そして、金海大成洞2号墳(図11－5～7)以降は頭部がさらに広がり、通常の鉄鋌だけになる。

こうした鉄斧形鉄鋌は韓半島の湖西地域でも出る(李春先2020)が、金海地域の例に比べて小型品もあり、数量も少ない(図13)。嶺南地域では祖型となる大型板状鉄斧が慶州九政洞A地区や昌原茶戸里1号墓、慶州舎羅里130号墓、蔚山下垈遺跡2号墓・76号墓など、鉄器時代から原三国時代の各時期で多量に出土している。三国時代の古墳で出る数量を比べても、金海地域では30点や40点以上で時に100点を超える古墳が各時期に見られ、湖西地域を大きく凌駕する。こうした鉄斧形鉄鋌は、金官加耶の特産品であった。

福岡市博多遺跡群ではこの鉄素材を加工切断した鉄片(図14－8)や未成品、大型の椀形滓、断面半円形の蒲鉾型送風管が大量に出ている(図14)。古墳時代前期の鍛冶遺跡では全国でも最大級で、素材から鉄器を作る鍛錬鍛冶だけでなく、原料鉄から鉄素材を作る精錬鍛冶も行ったと見られている。時期は3世紀後半～4世紀前半が中心で、大型鏨や大型砥石(図14－18)の出土から刀剣などの大型鉄製武器も製作した可能性が高いとされる(水野敏典2021)。これまで検討した北部九州の鉄斧形鉄鋌は、金官加耶と日本の鉄交易が3世紀後半に

は始まっていたことを裏付ける。

　蒲鉾型送風管は日本では、加耶系・百済(馬韓)系土器と共に島根県古志本郷遺跡などを経て、近畿地域まで到達し、奈良県桜井市纒向遺跡(奈良県立橿原考古学研究所1998、㈶桜井市文化財協会2014)や天理市布留遺跡(埋蔵文化財天理教調査団2022)で見られる(図15)。時期も博多遺跡群と同じだが、いまのところ鍛錬鍛冶滓しか出ていない。韓半島では中部地域東海岸部の江原道安仁里遺跡、望祥洞遺跡などに見られ(村上恭通2022)、嶺南地域は空白となっているが、金官加耶での今後の出土が期待される。

IV. 日本に行かなかった文物、　日本から来なかった文物

　以上のように、こうした鉄素材を中心とした文物が、古墳時代の日本に大量にもたらされた。

　一方、3世紀後半〜4世紀には、嶺南地域の釜山市東萊貝塚や福泉洞古墳群、金官加耶の金海大成洞古墳群や金海鳳凰台遺跡などで、多量の土師器系土器が出る(図16)。また周知のように、金海大成洞古墳群では土師器系土器のほかに、巴形銅器、銅鏃、筒形銅器、鍬形・紡錘車形・筒形の碧玉製品や定角式鉄鏃など、倭系威勢品が多く出ており(図17)、金官加耶と日本(倭政権)との相互交流を示す。特に金海鳳凰台遺跡での土師器系土器と西新町遺跡での三国系土器の大量出土は、相互に交流の窓口が設定されたことを示す。西新町遺跡

の国際交流港設定には、「加耶の鉄」が大きな比重を占めた。

　しかし古墳時代前期には、金官加耶(金海大成洞古墳群)から日本に行かなかった文物もある。その代表は、中国東北地域系の青銅容器(洗、盆、鍑)、金銅製冠、装飾馬具である(図18)。これらは金海大成洞29号墳の金銅製冠や銅鍑、91号墳、2号墳、1号墳の青銅容器・装飾馬具などから見ても、3世紀後半〜5世紀初まで金官加耶に継続して存在した。またそれらの装飾馬具の中には、日本から入手したゴホウラやイモガイの貝殻を金官加耶で加工作成した貝装雲珠もあるが、一つも日本に渡っていない。土師器系土器が百済(馬韓)地域ではほとんど見られない点なども考え合せると、この時期の東北アジアでの交易は、博多湾ではなく金海地域が中心となるため、「金官加耶交易」と呼ぶべきである。また、これまで「加耶の鉄」をめぐる日本との交易は、もっぱら日本側からの需要の視点で語られてきたが、金官加耶側の販路拡大の視点でも語られるべきで、それが近畿までの交易ルートの拡大をもたらしたとの認識も必要である。

　次に、日本から金官加耶に来なかった文物には、三角縁神獣鏡や碧玉製腕飾(石釧、車輪石、鍬形石)がある。一例として挙げた雪野山古墳(図19)や紫金山古墳(図20)出土遺物を見ても、金海大成洞古墳群に見られた銅鏃や筒形銅器、紡錘車形の碧玉製品と共に、三角縁神獣鏡や碧玉製腕飾が出る。三角縁神獣鏡や碧玉製腕飾は日本古墳時代前期では最上級の威勢品であり、その保有と配布は、倭政権内部での上下関係を示し、政治色の強い文物である(6)。そして何よりも金海大成洞古墳群に前方後円墳は無い。こうした不在の文物(7)に注目すると、金官加耶連盟体と倭政権はそれぞれ別個の政治体を形成して、対等に交易・交流したことが分かる。任那日本府など存在す

るはずがない。

V. おわりに

　以上、西新町遺跡と鉄素材を中心に、金海大成洞古墳群と日本の
関係を述べた。私がいま最も興味があるのは、製鉄がどこでなされ、
金官加耶の特産品である鉄斧形鉄鋌をどこで主に生産したかであ
る。蒲鉾形送風管が嶺南地域に存在したのかも含めて注視していき
たい。

註

(1) 板状鉄斧との区別が難しいが、三国時代例は大型板状鉄斧形鉄鋌で統一し、鉄斧形鉄鋌と略称する。また、鉄斧形の頭部が広がった例は、通常の鉄鋌とする。

(2) 大沢正己による科学分析の結果、成形後の熱処理は無く、鉄鋌とされた。

(3) 横長に対する縦長の比率が、老司3号石室例は83〜97%、舞松原例の1点は82%なのに対して、神蔵古墳例は75%、花崟2号墳例は65〜72%である。

(4) 大成洞古墳博物館2017での沈載龍の段階設定による。

(5) 原三国時代後期の蔚山下岱遺跡2号墓・76号墓でも同様な形態の板状鉄斧が出ており、それらを引き継いだとみられる。

(6) 韓半島では慶州月城路カ―29号墳から石釧が1点出ている(図3―9)。壱岐原の辻遺跡でも溝から破片が1点出た(図3―8)。石釧は碧玉製腕飾の中でも価値が低いため、極めて少数が韓半島まで搬入されたと考える。

(7) 三角縁神獣鏡の不在は既に細川晋太郎が指摘している(細川晋太郎2014)。

【引用参考文献】

(日本語)

甘木市教育委員会1978『神蔵古墳』甘木市文化財調査報告第3集

上原真人編2005『紫金山古墳の研究―古墳時代前期における対外交渉の考古学的研究―』平成14〜16年度科学研究費補助金(基盤研究(B)(2))研究成果報告書

大沢正己・山本信夫1977「鉄鋌の新例に関する検討」『考古学雑誌』第62巻第4号

小郡市史編集委員会2001『小郡市史』第四巻 資料編 原始・古代

久住猛雄2014「「博多湾貿易」の成立と解体・再論―土器からみた倭と韓半島の交易網の変遷―」『金官加耶の国際交流と外来系遺物』周留城

㈶桜井市文化財協会2014「纒向遺跡第174次発掘調査報告」『桜井市遺跡発掘調査報告書―2012年度―』

武末純一2004「加耶と倭の交流―古墳時代前・中期の土器と集落―」『国立歴史民俗博物館研究報告』第110集

武末純一2010「集落からみた渡来人」『古文化談叢』第63集

武末純一2018「「日韓交渉の考古学―古墳時代―」の概要(総説に代えて)」『日韓交渉の考古学―古墳時代―(総括報告書 論考編)』

趙晟元2023「韓半島南部出土土師器系土器から見た日韓交渉」『令和5年度九州考古学会総会研究発表資料集』

次山淳2020「倭王権の形成過程と博多遺跡群の鉄素材・鉄器生産―時間的な関係を中心に―」『柳本照男さん古稀記念論集―忘年之交の考古学―』

長崎県教育委員会2005『原の辻遺跡』原の辻遺跡調査事務所調査報告書 第29集

奈良県立橿原考古学研究所1998「桜井纒向遺跡102次(勝山古墳第1次)発掘調査概報―勝山池改修に伴う―」『奈良県遺跡調査概報1997年度(第2分冊)』

福岡県教育委員会1985『西新町遺跡』福岡県文化財調査報告書第72集

福岡県教育委員会2000『西新町遺跡Ⅱ』福岡県文化財調査報告書第154集

福岡県教育委員会2001『西新町遺跡Ⅲ』福岡県文化財調査報告書第157集

福岡県教育委員会2002『西新町遺跡Ⅳ』福岡県文化財調査報告書第158集

福岡県教育委員会2003『西新町遺跡Ⅴ』福岡県文化財調査報告書第178集

福岡県教育委員会2005『西新町遺跡Ⅵ』福岡県文化財調査報告書第200集

福岡県教育委員会2006『西新町遺跡Ⅶ』福岡県文化財調査報告書第208集

福岡県教育委員会2008『西新町遺跡Ⅷ』福岡県文化財調査報告書第218集

福岡県教育委員会2009『西新町遺跡Ⅸ』福岡県文化財調査報告書第221集

福岡市教育委員会1982『福岡市高速鉄道関係埋蔵文化財調査報告Ⅱ 西新町遺跡』福岡市埋蔵文化財調査報告書第79集

福岡市教育委員会1989a『西新町遺跡』福岡市埋蔵文化財調査報告書第203集

福岡市教育委員会1989b『老司古墳』福岡市埋蔵文化財は調査報告書第209集

福岡市教育委員会1991『博多21―博多遺跡群第50次発掘調査概報―』福岡市埋蔵文化財は調査報告書第249集

福岡市教育委員会1993a『博多36―第59次調査報告―』福岡市埋蔵文化財は調査報告書第328集

福岡市教育委員会1993b『博多37―博多遺跡群第65次発掘調査概報―』福岡市埋蔵文化財は調査報告書第329集

福岡市教育委員会1994『西新町遺跡3』福岡市埋蔵文化財は調査報告書第375集

福岡市教育委員会1997『舞松原古墳』福岡市埋蔵文化財は調査報告書第533集

福岡県立朝倉高等学校史学部1969『埋もれていた朝倉文化』

細川晋太郎2014「日韓資料の比較を通じた金官加耶出土倭系遺物の検討」『金官加耶の国際交流と外来系遺物』周留城

埋蔵文化財天理教調査団2022『布留遺跡布留(堂垣内)地区発掘調査報告書』

考古学調査研究報告31

水野敏典2021「博多遺跡群にみる古墳時代前期の鉄器生産の一様相」『古墳文化基礎論集』

村上恭通2022「古墳時代開始期における鍛冶技術の変革とその背景」『纏向学の最前線―桜井市纏向学研究センター設立10周年記念論集―』纏向学研究センター研究紀要 纏向学研究 第10号

雪野山古墳発掘調査団1996『雪野山古墳の研究』

(韓国語)

慶星大学校博物館2000a『金海大成洞古墳群Ⅰ』慶星大学校博物館研究叢書第4輯

慶星大学校博物館2000b『金海大成洞古墳群Ⅱ』慶星大学校博物館研究叢書第7輯

慶星大学校博物館2003『金海大成洞古墳群Ⅲ』慶星大学校博物館研究叢書第10輯

慶星大学校博物館2010『金海大成洞古墳群Ⅳ』慶星大学校博物館研究叢書第14輯

国立慶州博物館・慶州市1990『慶州月城路古墳群』

大成洞古墳博物館2015a『金海大成洞古墳群―85号～91号墳―』博物館学術研究叢書15冊

大成洞古墳博物館2015b『金海大成洞古墳群―70号墳主槨・95号墳』博物館学術研究叢書16冊

大成洞古墳博物館2016『金海大成洞古墳群―92号～94号墳、支石墓―』博物館学術研究叢書17冊

大成洞古墳博物館2017『金海大成洞古墳群―追加報告および総合考察―』博

物館学術研究叢書19冊

大成洞古墳博物館2022『金海大成洞古墳群 96号〜149号』大成洞古墳博物館

学術研究叢書24冊

東義大学校博物館2000『金海良洞里古墳文化』東義大学校博物館学術叢書7

釜山大学校博物館

釜山女子大学校博物館1984『昌原三東洞甕棺墓』釜山女子大学校博物館遺蹟

調査報告第1輯

李春先2020「湖西地方出土鉄鋌流通様相の変化と製鉄技術の拡大」『湖西考古

学』46

中央文化財研究院2018『清州五松遺蹟―4地点(本文1)―』発掘調査報告第254冊

忠北大学校博物館2007『忠州金陵洞遺蹟』調査報告第112冊

【図出典一覧】

図1・図2武末純一2010/図3武末純一2018/図4—1〜8武末純一2010, 9長崎県教育委員会2005, 10国立慶州博物館・慶州市1990/図5〜図7大沢正己・山本信夫1977/図8福岡市教育委員会1994/図9—1福岡県立朝倉高等学校史学部1969, 2〜10・13東義大学校博物館2000, 11・12武末純一撮影, 14〜20慶星大学校博物館2000b/図10—1〜8大成洞古墳博物館2015a, 9〜14大成洞古墳博物館2015b, 15〜20大成洞古墳博物館2016/図11—1〜4大成洞古墳博物館2022, 5〜10慶星大学校博物館2010, 11〜13釜山女子大学校博物館1984/図12—1〜5福岡市教育委員会1989b, 6・7福岡市教育委員会1997, 8・9甘木市教育委員会1978/図13—1・2中央文化財研究院2018, 3〜13忠北大学校博物館2007/図14—1〜4福岡市教育委員会1993b, 5〜15福岡市教育委員会1993a, 16・17福岡市教育委員会1991, 図14—18水野敏典2021/図15—1㈶桜井市文化財協会2014, 2・3奈良県立橿原考古学研究所1998, 4〜9埋蔵文化財天理教調査団2022/図16趙晟元2023/図17—1〜24慶星大学校博物館2000a, 25〜35大成洞古墳博物館2015a, 36〜46大成洞古墳博物館2022/図18—1・2慶星大学校博物館2000b, 3慶星大学校博物館2000a, 4大成洞古墳博物館2022, 5〜11大成洞古墳博物館2015b, 12〜33大成洞古墳博物館2015a/図19雪野山古墳発掘調査団1996/図20上原真人編2005

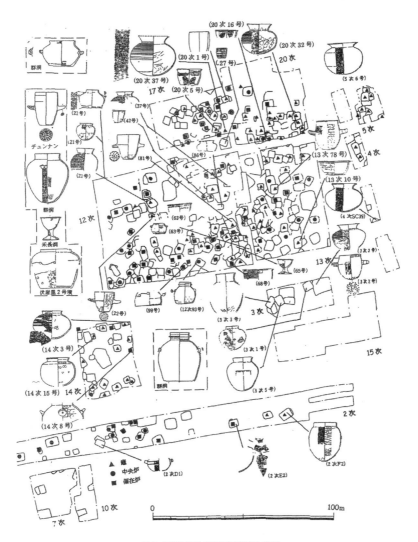

<図1> 西新町遺跡の韓半島系遺物と遺構

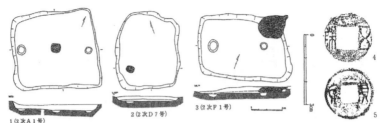

<図2> 西新町遺跡の中央炉(1),偏在炉(2),竈(3)をもつ住居と中国銭貨(4・5) (4:12次96号住、5:17次38号住)

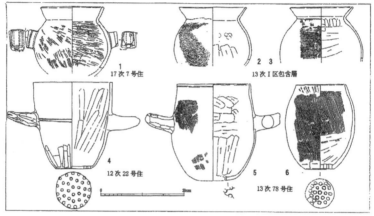

<図3> 西新町遺跡の土師器甕(3)と変容土師器甕(1・2),三国土器軟質甑(4)と変容三国土器軟質甑(5・6)

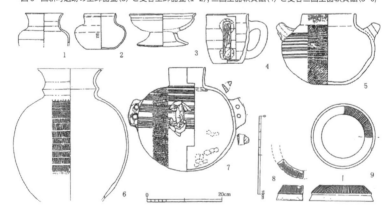

<図4> 原の辻遺跡の韓半島系三国土器と石釧関連資料 (1~8:原の辻遺跡、9:慶州月城路カ—29号墳)

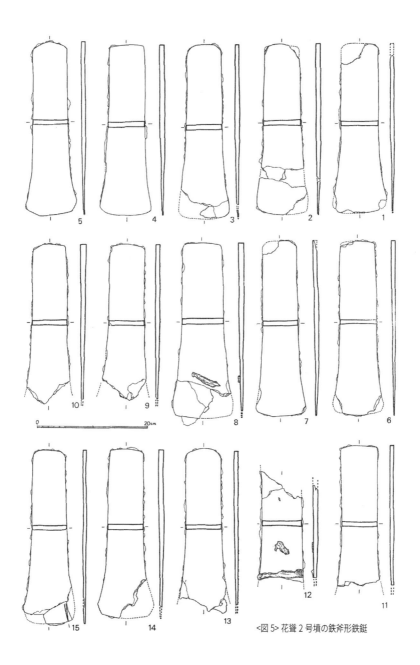

<図5> 花嘗2号墳の鉄斧形鉄鋌

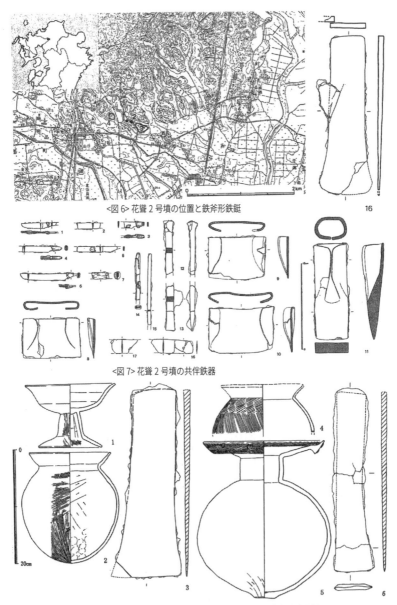

<図 6> 花聳 2 号墳の位置と鉄斧形鉄鋌

<図 7> 花聳 2 号墳の共伴鉄器

<図 8> 西新町遺跡 5 次 2 号住(1~3) と久原瀧ヶ下 3 号住(4~6) の鉄斧形鉄鋌関連資料

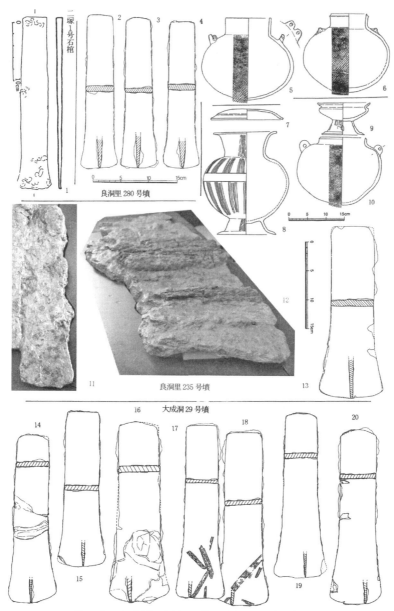

二塚1号石棺

良洞里 280 号墳

良洞里 235 号墳

大成洞 29 号墳

<図 9> 二塚1号石棺⑴ と金官加耶の鉄斧形鉄鋌関連資料 (2~20)

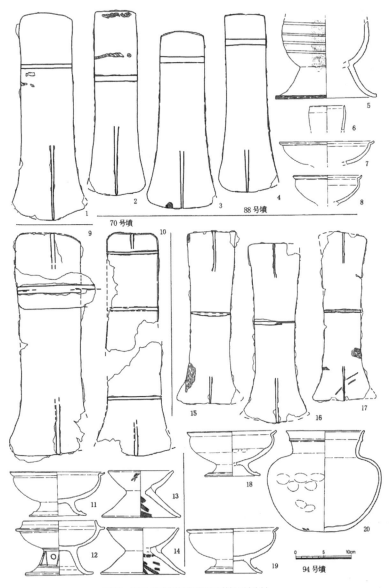

70号墳

88号墳

94号墳

<図 10> 金海大成洞古墳群の鉄斧形鉄鋌関連資料

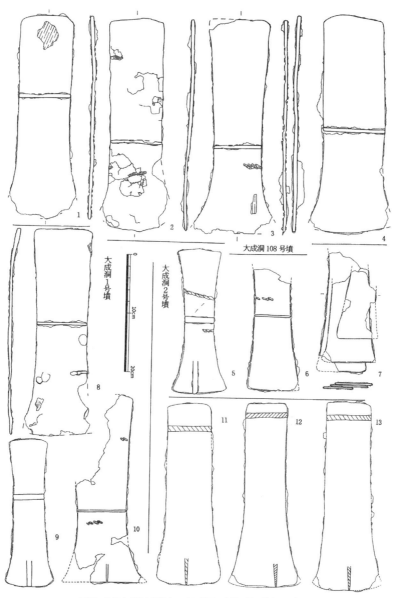

<図11> 金海大成洞古墳群(1~10)と昌原三東洞3号石棺(11~13)

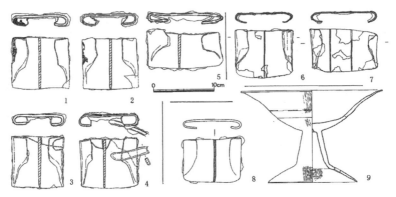

<図12> 老司古墳3号石室(1~4)・1号石室(5)と舞松原古墳(6▶7), 神蔵古墳(8▶9)の方形板刃先関連資料

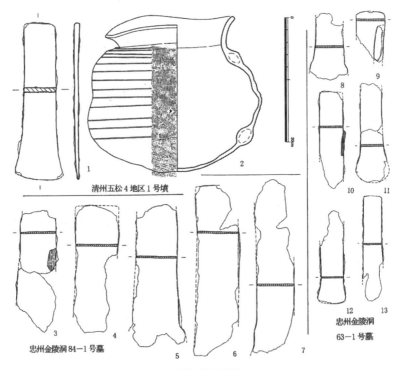

清州五松4地区1号墳

忠州金陵洞84-1号墓

忠州金陵洞
63-1号墓

<図13> 韓半島湖西地域の鉄斧形鉄鋌

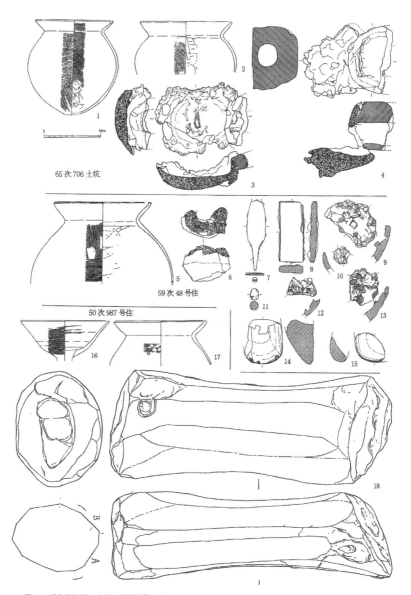

65次706土坑

59次48号住

50次987号住

<図14> 博多遺跡群の古墳時代前期鍛冶関連資料

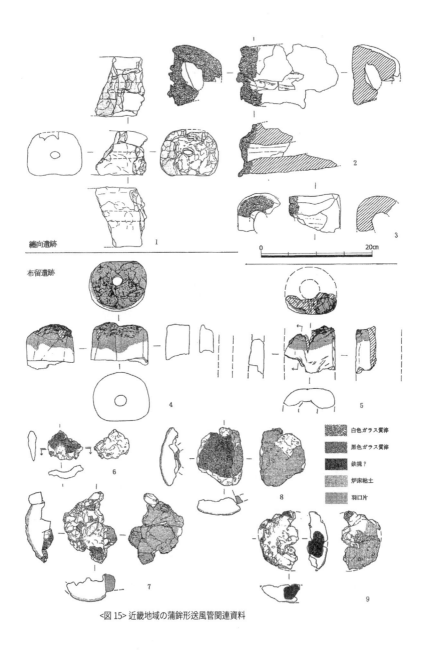

繞向遺跡

布留遺跡

0   20cm

白色ガラス質滓
黒色ガラス質滓
鉄塊？
炉床粘土
羽口片

<図 15> 近畿地域の蒲鉾形送風管関連資料

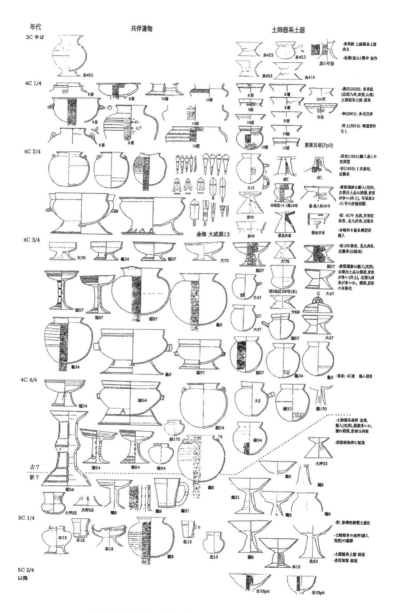

<図 16> 共伴遺物から見た土師器系土器の推移(趙晟元による)

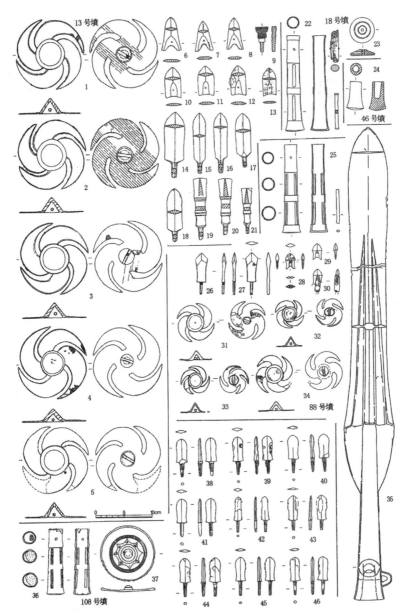

<図 17> 金海大成洞古墳群の倭系遺物

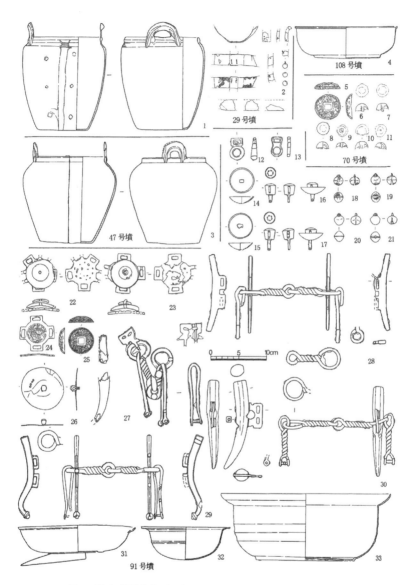

<図 18> 金海大成洞古墳群の中国東北地域系青銅容器・金銅冠・装飾馬具

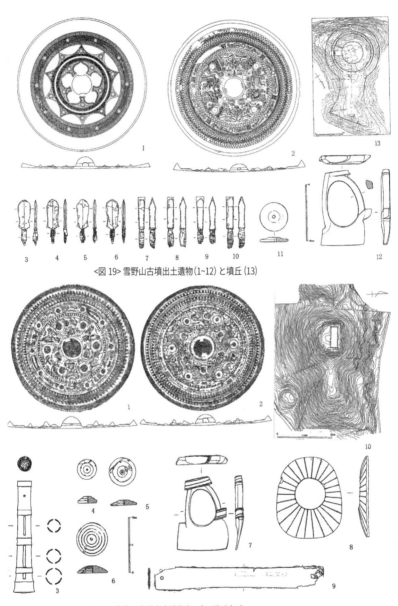

<図 19> 雪野山古墳出土遺物(1~12) と墳丘 (13)

<図 20> 紫金山古墳出土遺物(1~9) と墳丘(10)

김해 대성동고분군과 일본

다케스에 준이치*
번역 : 김효정**

目 次

Ⅰ. 머리말
Ⅱ. 니시진마치 유적의 양상
Ⅲ. 철부형 철정

Ⅳ. 일본에 가지 않은 문물, 일본으로
부터 오지 않은 문물
Ⅴ. 맺음말

Ⅰ. 머리말

한반도 남부 원삼국(삼한)시대는 일본의 야요이시대 후반기(기원전 1세기
~기원후 3세기 전반)에 해당된다. 이 시기 일본 대외교역의 중심은 북부큐슈
였다. 어촌 중에서 주로 해상교역활동을 하는 해촌이 등장했으며, 교역의
대가로 중국 화폐가 사용되었다. 출토되는 토기를 살펴보면 변진한의 원삼
국시대 와질토기에 드러난 삼한교역과 낙랑토기에 드러난 낙랑교역 두 가
지가 존재했다(武末純一 2021).

김해 대성동 고분군이 출현하여 성행한 삼국시대 전기는 일본 고분시대
전기(3세기 후반~4세기)에 해당된다. 이 시기의 해촌으로는 후쿠오카시 니시

---

* 후쿠오카대학교
** 부산대학교

김해 대성동고분군과 일본　173

진마치 유적이 있으며, 국제교류항으로서 킨키까지 대외교역 루트를 일원화했다. 여기서는 우선 니시진마치 유적의 양상을 설명하고, 이어서 대형 판상철부형 철정(이하 철부형 철정)(주1)으로 미루어보아 교역의 주요 목적이 '가야의 철'이었다는 점, 금관가야로부터 일본에 전해지지 않은 문물과 일본에서 금관가야로 전해지지 않은 문물을 고려했을 때 교역의 중심은 금관가야에 있었다는 점을 밝히고자 한다.

Ⅱ. 니시진마치 유적의 양상

고분시대 전기(3세기 후반~4세기)에는 후쿠오카시 니시진마치 유적이 대외교역의 국제교류항으로 기능했고, 이 시기의 일본열도에서는 보기 드물게 한반도 삼국시대계 유물이 대량으로 출토되었다. 이제까지 조사성과에 따르면 유적은 크게 서지구와 동지구로 나뉘며 동지구에서는 가야토기 원저단경호 2점과 하지키질의 가야계 노형토기가 출토되었다. 서지구에서는 가야토기도 출토되나 직구, 봉상파수, 평저에 작은 증기공이 다수 뚫린 연질 시루, 경부가 한번 직립하는 연질 소형평저발, 큰 평저, 파수의 구멍이 상하로 관통된 와질·도질 단경직구호 등 전라도(호남) 지역의 백제(마한) 토기가 주체를 이룬다(도1). 니시진마치의 도래인은 동지구에는 가야계, 서지구에는 백제(마한)계가 주를 이뤘다.

도래인의 거주를 보여주는 자료에는 그 외에도 점토로 구축한, 아궁이가 하나인 부뚜막(도2-3)이 있으며 영남지역, 호남지역에 유사한 사례가 있다. 이 시기의 북부큐슈의 노지는 주거 중앙을 움푹 판 중앙노지(도2-1)이기 때문에 도래인이 고향의 부뚜막을 재현한 것이라 할 수 있다. 이외에도 벽가에 치우친 노지(편재노지, 도2-2)를 가진 주거 J군이 부뚜막이 있는 주거군 주변에 위치한다. 그 외측에는 중앙노지 주거군이 있기 때문에 편재노지는 재래인과 도래인의 접촉·교류에서 출현한 노지인 것이다.

재래인과 도래인의 상호교류·영향관계는 삼국토기 요소가 들어간 변용 하지키, 하지키 요소가 들어간 변용 삼국토기에서도 드러난다.

변용 하지키의 후루식계 옹에는 후루식 옹(도3-3)과 비교해 백제(마한) 토기의 유공파수를 가지며 내면도 목리가 아닌 물손질로 마무리한 기벽이 두꺼운 사례(도3-1)와 형태나 목리에 의해 기벽이 얇은 것은 동일하나 삼국토기의 요소인 사격자타날흔을 가진 사례(도3-2)가 있다. 도식적으로는 전자가 도래인 제작, 후자가 왜인 제작이다.

변용 삼국토기는 삼국토기 시루(도3-4)와 비교하면 직구내굴의 평저무경호로, 제작기법도 형태도 하지키이나 저부 부근 외면을 횡으로 목리조정하여 저부에 작은 원공을 다수 뚫었다. 왜인이 제작한 것으로 보이는 시루(도3-6)와 하지키 기법인 내면 목리조정을 하였으나 가야 서부 지역 요소가 강하여 가야인이 제작한 것으로 보이는 시루(도3-5)가 있다.

이러한 변용토기는 부뚜막, 편재노지와 함께 왜인과 백제(마한)인, 가야인이 섞여서 살았던 것을 보여준다. 단, 토기의 수량은 하지키가 압도적으로 많으며, 산인계, 산요계, 킨키계, 북부큐슈계 등 다양성을 보인다. 한반도계 토기만 출토되는 주거지는 없으며 도래인은 서일본 각지의 왜인과 섞여 살았다. 이와 같은 삼국토기는 이키섬의 하루노츠지 유적(도4-1~7) 외에도 산인·산요·킨키 지역 유적에서도 출토되며, 대외교역 루트는 킨키까지 일원화되어 있었다.

니시진마치 유적 주변의 유적도 포함해 일본에서는 이 시기의 부뚜막, 도래계 취사용 토기는 거의 출토되지 않는다. 이는 규제가 강했거나 지역 수준에서 생활문화 정착이 실패했음을 보여준다. 또 본 유적의 묘지인 후쿠오카시 후지사키 유적은 32차 3호 주구묘에서 하지키질의 변용 가야계 노형토기가 1점 출토되었을 뿐 확실한 도래인의 분묘는 없기 때문에 '왕래하는 도래인'이었을 가능성이 있다. 이외에 본 유적에서 출토된 중국 화폐 2점(도2-4·5)은 야요이시대 이래 중국화폐에 의한 교역 종말기에 해당됨을 보여준다.

III. 철부형 철정

니시진마치 유적에서 교역의 주목적은 4세기 전반대의 하지키와 함께 5차 2호 주거지에서 출토된 철부형 철정(도8-3)으로 보아 '가야의 철'이었다. 이 철부형 철정은 전장 33.4㎝, 두부 폭 8.0㎝, 인부 복원 폭 12.5㎝, 최대 두께 1.2㎝이다.

이러한 철부형 철정은 현시점 일본에서는 북부큐슈에서만 확인된다. 우선 주목되는 것은 후쿠오카현 오고리시 하나소게 2호분 출토 사례이다. 하나소게 2호분은 표고 43m 구릉 산등성이에 있으며, 1975년 7월 양로원 건설 공사로 분구가 확인되었다. 이미 공사를 위해 판 구덩이 등에서 철부형 철정(주2) 16점(도5-1~15, 도6-16) 외에도 도자 17점, 가래의 방형판인 3점, 도끼 1점, 가래? 2점, 정 1점, 톱 2점 등의 철기(도7)가 아무렇게나 놓여 있었으며 야마모토 노부오가 채집하여 보고했다(大沢正己·山本信夫 1977). 이후 후쿠오카현 교육위원회가 발굴할 예정이었으나 그 전에 파괴되었다. 그렇기 때문에 분구형태, 규모, 내부주체, 유물의 출토상황 등은 불명이며, 삭평 전의 상황으로 보아 전장 30m의 전방후원분이었던 것으로 생각된다. 한편 1976년 3월 주구 확인 조사를 통해 직경 32m의 원분이었을 가능성이 높아졌다. 철부형 철정 16점은 전장 29.2~31.2㎝로 두부 폭 (6.1~7.0㎝)이 가장 좁고 두부에서 인부 부근까지는 완만하게 넓어지며 인부에서 크게 넓어진다. 완성품의 최대 두께는 1.1~0.85㎝이다. 실견한 결과 날이 명확하게 서지 않았으며 인단부에도 2~3㎜ 두께가 있다. 이제까지 이러한 철기들은 5세기 전반대, 이르게 봐도 4세기 4/4분기로 설정되었다. 그러나 유사한 사례의 비교검토를 통해 중심연대는 3세기 후반~4세기 전반으로 4세기 후반까지 내려가지 않는다.

후쿠오카현 무나카타시 쿠바루타키가시타 3호 주거지에서 3세기 후반의 하지키와 공반한 철부형 철정(도8-6)은 전장 31.8㎝, 인부 폭 7.0㎝, 추정 최대 두께 0.9㎝로 세장하며 추정 두부 폭은 5.2㎝ 정도이다. 한쪽의 측연이 만곡하고 있다.

후쿠오카현 아사쿠라시 후타츠카 유적에서는 1966년 아사쿠라 고등학교 사학부의 발굴로 1호 석관 상석 아래에서 철부형 철정이 2점 출토되었다. 이 철정은 '끌(鑿)'이라고 보고되었다. 1점은 금방 행방불명 되었으며 다른 1점은 공표되었다. 그 도면(도9-1)에 따르면 전장 30.0㎝, 두부 폭 4.4㎝, 인부 폭 6.1㎝이나 이 또한 현재는 행방불명 되었다. 전체 중 중간 정도에서 조금 폭이 넓어진다는 특징이 있다.

북부큐슈에서 출토된 이들 철부형 철정은 공반된 하지키로 보아 쿠바루타키가시타 사례가 니시진마치 사례보다 선행하기 때문에 폭이 좁은 것에서 넓은 것으로 변화했다고 볼 수 있다. 길이에 대한 두부 폭의 비율(장폭비)을 보면 후타츠카 사례가 14.7%로 가장 좁고 다음으로 쿠바루타키가시타 사례가 16.4%, 니시진마치 사례가 24.0%이다. 하나소게 2호 사례는 가장 좁은 15가 18.7%, 가장 넓은 8이 22.4%로 19~20%대가 가장 많아서 이 수치로부터 보면 쿠바루타키가시타 사례와 니시진마치 사례 사이에 위치한다. 하나소게 2호분에서 나온 방형판인 3점(도7-8~10)은 4세기 후반에서 5세기 초두의 후쿠오카시 마이마츠바라 고분, 후쿠오카시 로우지 고분 3호 석실의 방형판인(도12-6·7, 도12-1~4)보다도 가로 길이에 비해 세로 길이가 짧고, 3세기 후반~4세기 초의 아사쿠라시 칸노쿠라 고분의 방형판인(도12-8)이 이러한 형태(주3)를 띠고 있는 것도 이 추측을 방증한다.

철부형 철정은 3세기 후반~4세기 전반(Ⅰ~Ⅲ단계(주4))의 금관가야 분묘에서 대량으로 출토된다.

김해 양동리 유적에서는 동의대학교박물관이 조사한 280호분 사례가 주목된다(도9-2~6). 전장 25.8~26.9cm로 후타츠카 사례보다도 약간 짧으나 평면이 조금 부풀었으며 두부 폭은 4.4cm로 같다(주4). 후타츠카 사례보다 전장이 짧기 때문에 장폭비는 16.3~16.7%이다. 또 235호분(도9-7~13)에서는 도면에 표시된 전장 30.2cm, 장폭비 24.8%의 폭이 넓은 것 1점(도9-13) 외에 바닥에 깔린 철부형 철정 30점이 있다(도9-12). 그중 1점(도9-11)은 전장 32cm 정도로 폭이 좁고 장폭비는 18% 정도이다. 이 개체는 한쪽의 만곡이 강하고 쿠바루타키가시타 사례와 유사하다.

한편 김해 대성동 29호분에는 장폭비 17.7%로 한쪽의 만곡이 강한 것도 있으나 대부분이 장폭비 19~20%대로 형태적으로도 하나소게 2호분의 것에 가깝다(도9-14~20). 김해 대성동 고분군의 대형판상철부형 철정은 1단계인 29호분과 그 형태를 유지한 88호분(도10-1~8) 사이에 공백기간이 있기 때문에 불명확한 점이 있다. 88호분 철부형 철정은 장폭비는 니시진마치 사례와 같은 23.1%, 23.4%, 25.7%의 3점(도10-2~4) 외에도 장폭비 29.1%로 신부 최대폭(9.5cm)보다 두부가 넓어진(10.0cm) 사례를 포함한다(도10-1). 전체 평면형도 니시진마치의 것이나 대성동 29호의 것과 비교해 모두 상반부 측연이 평행한다. 니시진마치의 것은 김해 대성동 88호의 것보다 조금 선행하는 것으로 보인다. 니시진마치의 것과 가까운 사례는 창원 동삼동 3호 석관묘 출토 사례 3점(도11-11~13)도 있으며 평면형 외에도 장폭비도 23.0%, 23.8%, 24.4%로 거의 같으며 4세기 전반대로 봐도 지장 없다. 이외에 김해 대성동 70호분(도10-9~14), 94호분(도10-15~20), 95호분, 108호분(도11-1~4)에서도 철부형 철정이 출토되나 장폭비가 20%대 후반에서 30%를 넘게 되며 두께도 얇아지고 인부까지 일정한 것이 많아진다. 또 두부도 넓어진 일반적인 철정이 많아진다. 그리고 김해 대성동 2호분(도11-5~7) 이후에는 두부가 더욱 넓어지면서 일반적인 철정으로만 구성된다.

이러한 철부형 철정은 한반도 호서지역에서도 출토되나(이춘선 2020) 김해지역의 사례와 비교해 소형품도 있으며 수량이 적다(도13). 영남지역에서는 조형이 되는 대형판상철부가 경주 구정동 A지구, 창원 다호리 1호묘, 경주 사라리 130호묘, 울산 하대 유적 2호묘·76호묘 등 철기시대에서 원삼국시대의 각 시기에 다량으로 출토된다. 삼국시대 고분에서 출토되는 수량과 비교해도 김해지역에서는 30~40점 이상으로 때로는 100점을 넘는 고분이 각 시기에 확인되며 호서지역을 크게 능가한다. 이러한 철부형 철정은 금관가야의 특산품이었다.

후쿠오카시 하카타 유적군에서는 이 철소재를 가공절단한 철편(도14-8), 미완성품, 대형 철재, 단면반원형 송풍관이 대량으로 출토되었다(도14). 고분시대 전기의 단야 유적 중에서는 일본 전국에서도 최대급 규모로 소재부터 철기를 만드는 단련단야 뿐만 아니라 원료 철에서 철소재를 만드는 정련단야 작업도 한 것으로 보인다. 시기는 3세기 후반~4세기 전반이 중심으로 대형 끌, 대형 지석(도14-18) 출토로부터 도검 등 대형 철제무기도 제작했을 가능성이 높다고 본다(水野敏典 2021). 이제까지 검토한 북부큐슈의 철부형 철정은 금관가야와 일본의 철 교역이 3세기 후반에는 시작된 것을 뒷받침해준다.

반원형 송풍관은 일본에서는 가야계·백제(마한)계 토기와 함께 시마네현

코시혼고 유적 등을 거쳐 킨키 지역까지 도달해 나라현 사쿠라이시 마키무쿠 유적(奈良県立橿原考古学研究所 1998, ㈶桜井市文化財協会 2014)이나 텐리시 후루 유적(埋蔵文化財天理教調査団 2022)에서 볼 수 있다(도15). 시기도 하카타 유적군과 같으나 현재로서 단련단야재만 출토된다. 한반도에서는 중부지역 동해안부의 강원도 안인리 유적, 망상동 유적 등에서 볼 수 있으며(村上恭通 2022), 영남지역은 공백이나 금관가야에서의 앞으로의 출토가 기대된다.

IV. 일본에 가지 않은 문물,
일본으로부터 오지 않은 문물

이상과 같이 이러한 철 소재를 중심으로 한 문물이 고분시대 일본에 대량으로 전해졌다.

한편, 3세기 후반~4세기에는 영남지역 부산 동래 패총, 복천동 고분군, 금관가야의 김해 대성동 고분군, 김해 봉황대 유적 등에서 다량의 하지키계 토기가 출토된다(도16). 또 널리 알려진 바와 같이 김해 대성동 고분군에서는 하지키계 토기 외에 파형동기, 동촉, 통형동기, 촉형·방추차형·통형 벽옥제품, 정각식 철촉 등 왜계 위세품이 다수 출토되며(도17), 금관가야와 일본(왜 정권)과의 상호 교류를 보여준다. 특히 김해 봉황대 유적에서의 하지키계 토기와 니시진마치 유적에서의 삼국계 토기의 대량 출토는 상호 교류의 창구가 설정되어 있었음을 보여준다. 니시진마치 유적이 국제교류항으로 설정된 배경에는 '가야의 철'이 큰 비중을 차지했다.

그러나 고분시대 전기에는 금관가야(김해 대성동 고분군)에서 일본에 가지 않은 문물도 있다. 대표적으로 중국 동북지역계의 청동용기(세, 완, 복), 금동제관, 장식마구가 있다(도18). 이들은 김해 대성동 29호분의 금동제관과 동복, 91호분·2호분·1호분의 청동용기와 장식마구 등으로 보아도 3세기 후반~5세기 초까지 금관가야에 계속 존재한다. 또 이 장식마구 중에서는 일본에서 입수한 고호우라, 이모가이 패각을 금관가야에서 가공해 만든 패장운주도 있으나 1점도 일본에 전해지지 않았다. 하지키계 토기가 백제(마한) 지역에서는 거의 보이지 않는 점 등을 종합해 생각해보면 이 시기 동북아시아에서의 교역은 하타타만이 아닌 김해 지역이 중심이었기 때문에 '금관가야 교역'이라고 불러야한다. 또 이제까지 '가야의 철'을 둘러싼 일본과의 교역은 오로지 일본측의 수요라는 시점에서 언급되어 왔으나 금관가야 측의 판로 확대라는 시점에서도 언급될 필요가 있으며 그것이 킨키까지의 교역 루트 확대를 가져왔다는 인식도 필요하다.

다음으로 일본에서 금관가야로 오지 않은 문물로는 삼각연신수경, 벽옥제완식(석천, 차륜석, 초형석)이 있다. 일례로 든 유키노아마 고분(도19), 시킨잔 고분(도20) 출토 유물을 보아도 김해 대성동 고분군에서 볼 수 있었던 동촉, 통형동기, 방추차형 벽옥제품과 함께 삼각연신수경과 벽옥제완식이 출토된다. 삼각연신수경과 벽옥제완식은 일본 고분시대 전기의 최상급 위세품이며, 그 보유와 배포는 왜 정권 내부에서의 상하관계를 보여주며 정치색이 강한 문물이다(주6). 그리고 무엇보다 김해 대성동 고분군에 전방후원분은 없다. 또 피장자를 왜인이라고 단정 지을 수 있는 고분도 없다. 이처럼 부재하는 문물(주7)에 주목하면 금관가야 연맹체와 왜 정권은 각각 별개의 정치체를 형성해 대등하게 교역·교류한 것을 알 수 있다. 임나일본부가 존재할 리가 없다.

V. 맺음말

　이상으로 니시진마치 유적과 철 소재를 중심으로 김해 대성동 고분군과 일본의 관계를 서술했다. 필자가 지금 가장 흥미 있는 것은 제철이 어디서 이루어졌으며 금관가야의 특산품인 철부형 철정을 어디서 주로 생산했는가이다. 반원형 송풍관이 영남지역에 존재했는지 여부도 포함해 주시하고자 한다.

1) 판상철부와의 구별이 어려우나 삼국시대 사례는 대형판상철부형 철정으로 통일하고 철부형 철정으로 약칭한다. 또 철부형의 두부가 넓은 사례는 일반적인 철정으로 분류한다.

2) 오오사와 마사미에 의한 과학분석 결과, 성형 후 열 처리는 하지 않았으며 철정으로 보았다.

3) 가로 길이에 대한 세로 길이 비율이 로우지 3호 석실 사례는 83~97%, 마이마츠바라 사례의 1점은 82%인 것에 비해 칸노쿠라 고분 사례는 75%, 하나소게 2호분 사례는 65~72%이다.

4) 심재용의 단계 설정(대성동 고분군 박물관, 2017)에 따른다.

5) 원삼국시대 후기의 울산 하대 유적 2호묘, 76호묘에서도 이와 같은 형태의 판상철부가 출토되었으며 그것을 계승한 것으로 보인다.

6) 한반도에서는 경주 월성로 가-29호분에서 석천이 1점 출토되었다(도3-9). 이키 하루노츠지 유적에서도 구(溝)에서 파편이 1점 출토되었다(도3-8). 석천은 벽옥제 완식 가운데서도 가치가 낮기 때문에 극소수가 한반도까지 유입된 것으로 보인다.

7) 삼각연신수경의 부재는 이미 호소카와 신타로가 지적하였다(細川晋太郎2014).

武末純一, 「김해 대성동고분군과 일본」에 대한 토론문

김수환 (경상남도 문화유산위원회)

이춘선, 「김해 대성동고분군, 새로 찾은 유물들」·武末純一, 「김해 대성동고분군과 일본」
- 대성동고분군 출토유물(부장품)을 통한 금관가야 사회상의 복원

  세계사적으로 보면 이민족(異民族)을 희생물로 삼는 것은 전쟁이나 소규모 인간사냥을 통해 잡은 포로를 신(神)이나 조상에 제물로 바치는 인간희생의 경우이다. 반면 대성동고분군을 비롯한 가야고분군에서 확인되는 묘주와 동시 매장되는 이들은 순장자이며, 보통 일정기간 동안 묘주의 측근에서 보필하던 자로서 높은 신뢰와 주종관계를 바탕으로 묘주 사후 내세에서의 봉사를 목적으로 매장된다. 따라서 순장자 중 왜인이 포함되어 있다면 순장자의 연령대를 고려할 때 유소아~약년기에 가야사회로 들어온(이주?) 자일 것으로 생각된다.

  다케스에 선생님께서는 대성동고분군에는 피장자를 왜인으로 단정지을 수 있는 고분이 없다고 하셨는데, 대성동의 순장자 중 왜인이 포함되었을 가능성은 어떻게 보시는지 또한 이는 별개의 정치체였던 금관가야와 왜 정권 간의 어떠한 의미로 해석될 수 있는지 의견을 부탁드린다.

히타이트 전시회

Sümeyra BEKTAŞ*
슈메이라 벡타쉬**
번역 : 베이자 손메즈***

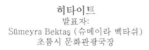

히타이트
발표자:
Sümeyra Bektaş (슈메이라 벡타쉬)
초룸시 문화관광국장

 * Türkiye Çorum İl
 ** 튀르키예 초룸주
***고려대학교

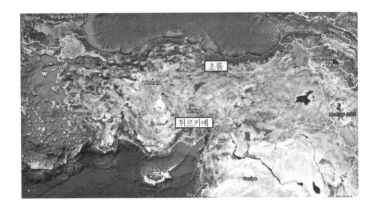

HGTGTLERGN TARGHG

Çorum'da Gimdiye dek saptanmıG en eski yerleGime ait kalıntılar **Kalkolitik Çağ'a** (MÖ 5500–3000) aittir. Eski Tunç Çağında (M.Ö.3000–2000) Anadolu'nun bugün için bilinen en eski adı "Hatti Ülkesi" dir.

M.Ö. 2000'den itibaren Anadolu'ya girmeye baGlayan Hititler de yeni yurtlarından bahsederken "Hatti Ülkesi" ismini kullanmıGlardır. Hatti dili konuGanlar Hititlerden önce, Hatti Ülkesinin yani Anadolu'nun sakinleriydi ve Anadolu'daki yüksek kültürün yaratıcısıydı. Hititler M.Ö. 2000'de Anadolu'ya girmeye baGladıkları zaman kendilerini bu yüksek Hatti kültürü içinde buldular.

Asur Ticaret Kolonileri Çağında, (M.Ö.1950-1750) yerel kralların, Asur ve Suriye'deki merkezlerle yaptıkları ticaretle elde ettikleri zenginlik, aralarında anlaGmazlıkla sonuçlanmıGtır. NeGa'lı Anitta'da M.Ö. 1750'de HattuGa'yı kuGatmıG, Gehri açlığa terk ettikten sonra ele geçirip, yakıp yıkmıGtır. M.Ö.1650'de, HattuG'lu anlamına gelen kral HattuGili, bugün Çorum bölgesindeki Boğazkale-HattuGa'da ilk Hitit krallığını kurmuGtur.

KuruluGundan yıkılıGına, M.Ö.1650'den 1200'e kadar olan süre içerisinde, Hitit devletinin sınırları geniG bir coğrafyaya yayılmıGtır.

Hitit Gmparatorluğu'nun M.Ö. 1200'den kısa bir süre sonra yıkılma nedeni hala tam olarak anlaGılamamıGtır. Gmparatorluğun yıkılmasına neden olan etkenler birden fazladır. Son Büyük Kral'ın hüküm sürdüğü dönemde, halk içinde huzursuzluklar ve Hitit aristokrasisinde giderek çatıGmalar baG göstermiGtir. Hitit Devletinin ayakta olduğu son yıllara tarihlenen yazılı kaynaklar, sefalet içinde olduğu belirtilen Anadolu'ya Suriye ve Mısır'dan büyük miktarlarda tahıl sevk edildiğini kanıtlamaktadır. Aynı zamanda Anadolu'daki huzursuzluklar ve Suriye üzerindeki Hitit etkisinin azalması da Hitit Gmparatorluğu'nun yıkılmasına neden olmuGtur.

히타이트의 역사

지금까지 초룸에서 발견된 가장 오래된 정착지의 유적은 구석기 시대(기원전 5500-3000년)에 속한다. 구 청동기 시대(기원전 3000-2000년)에 알려진 아나톨리아의 가장 오래된 이름은 "핫티 국가"이다.

기원전 2000년에 아나톨리아로 들어온 히타이트족은 새로운 조국을 지칭할 때 "핫티국"이라는 이름을 사용했다. 히타이트 이전에는 히타어를 사용하는 사람들이 핫티국, 즉 아나톨리아의 주민이었으며 아나톨리아에서 높은 문화를 창조한 사람들이었다. 기원전 2000년에 히타이트인들이 아나톨리아에 들어왔을 때, 그들은 이 높은 핫티 문화권에서 살게 되었다.

아시리아 무역 식민지 시대(기원전 1950~1750년)에는 지역 왕들이 아시리아 및 시리아의 중심지와 무역을 통해 얻은 부로 인해 분쟁이 발생했다. 네사의 아니타는 기원전 1750년 핫투사를 포위하고 굶주리게 만든 후 도시를 점령하고 불태워버렸다. 기원전 1650년에, "하투스 출신"이라는 뜻을 가진 하투실리 왕은 오늘날의 초룸 지역에 있는 보아즈칼레-하투사에 최초의 히타이트 왕국을 세웠다.

기원전 1650년부터 기원전 1200년까지 히타이트 국가의 국경은 넓은 지역에 걸쳐 있었다.

기원전 1200년 직후 히타이트 제국이 붕괴한 이유는 아직 완전히 밝혀지지 않은 상태다. 제국의 붕괴를 초래한 요인은 여러 가지가 있다. 마지막 대왕의 통치 기간 동안 백성들 사이의 불안과 히타이트 귀족들의 갈등이 점차 드러났다. 히타이트 국가의 마지막 몇 년 동안의 기록에 따르면 시리아와 이집트에서 대량의 곡물이 빈곤에 시달리던 아나톨리아로 운송되었다는 사실이 입증되었다. 또한 아나톨리아에서의 불안과 시리아에 대한 히타이트의 영향력 감소는 히타이트 제국의 붕괴 원인으로 이어졌다.

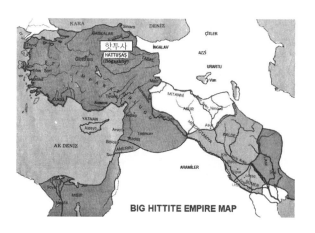

BIG HITTITE EMPIRE MAP

HATTUŞA 핫투사

- HattuŞa, 1986 yılında, Unesco tarafından "Dünya Kültür Mirası" listesine alınmıGtır. Ayrıca burada bulunan çivi yazılı tablet arGivleri de 2001 yılından itibaren Unesco'nun "Dünya Belleği Listesinde" yer almaktadır.

- 핫투사는 1986년에 유네스코의 "세계 문화 유산" 목록에 기록되었다. 또한 이곳에서 발견된 설형문자 기록물도 2001년부터 유네스코의 '세계의 기억 목록'에 포함되었다.

HATTUŞA KENT PLANI

Anadolu Hitit kentlerinin saraylar ve
tapınaklarla birlikte en belirgin
özelliklerinden biri de anıtsal surlardır. Hitit
surları sandık duvar tekniğinde inşa edilmiş
olup, paralel iki duvarın, belirli aralıklarla
yerleştirilmiş enine duvarlarla birbirine
bağlanmasından oluşmaktadır. Sur
bedenlerinin arasına, düzenli sayılabilecek
aralıklarla dışa doğru taşan kuleler
yerleştirilmiştir. Hattuşa'da kent surlarının
genişliği arazi şartlarına göre 5 ile 8 metre,
yüksekliği arazi ise 12 ile 9 metre arasında
değişmektedir.

핫투사 도시계획

아나톨리아 히타이트 도시의 궁전과 신전과 함께 가장
두드러진 특징 중 하나는 기념비적인 성벽이다. 히타이트
성벽은 요새는 시스트 벽 기법으로 지어졌으며 일정한
간격으로 배치된 횡벽으로 연결된 두 개의 평행한 벽으로
구성되어 있다. 벽체 사이에는 일정한 간격으로
바깥쪽으로 돌출된 탑이 배치되었다. 핫투사에서 도시
성벽 폭은 지형 조건에 따라 5미터에서 8미터, 높이는
12미터에서 9미터 사이로 다양하다.

2003년부터 2005년까지 핫투사에서의 실험적인 고고학 작업과 6.5km 길이의
성벽 중 1%가 발굴되었고, 65미터 구간을 성벽의 기초 위에 올리게 되었다.

Kazı çalıGmalarında ele geçen Hitit Dönemine ait Sur biçimli kap

발굴 중 발견된 히타이트 시대의 성벽 모양 그릇

HattuGa'da sur üzerinde 5 kapı mevcuttur.
Gehir surunun en güney ucunda ve kentin en
yüksek noktasında Yer Kapı ve sfenksli kapı
yer almaktadır. Diğer dört kapıdan güney
surunun doğu ve batı ucunda karGılıklı olarak
Kral Kapısı ve Aslanlı Kapı yer almaktadır.
Aslanlı Kapı'nın kentin dıGına bakan
yüzünde kapının iki yanına yerleGtirilmiG
aslan yontuları Hitit taGiGçiliğinin en güzel
örneklerinden birini sergilemektedir.

핫투사의 성벽에는 5개의 문이 있다. 성벽의
가장 남쪽 끝과 가장 높은 곳에 땅속의 문과
스핑크스가 있는 문이 있다. 다른 네 개의 문
중 왕의 문과 사자 문은 남쪽 성벽의 동쪽과
서쪽 끝에 위치해 있다. 도시 바깥을 향한
사자 문 양쪽에 있는 사자 조각은 히타이트
석조 작업의 가장 아름다운 예 중 하나를
보여준다.

Aslanlı Kapı'nın Hitit Dönemindeki Rekonstrüksiyonu

히타이트 시대의 사자문 재건

Kral Kapı 왕문

Kral Kapı'nın Mimarisi ve Rekonstrüksiyonu

왕문의 건축과 재건

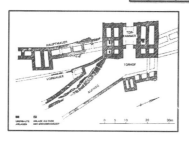

Yer Kapı Genel Görünümü

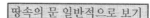

땅속의 문 일반적으로 보기

Kentin güney ucunda Yer Kapı yer almaktadır. Burada 30 m. yüksekliğinde,
250 m. uzunluğunda ve 80 m.
genişliğinde bir toprak set oluşturulmuştur.
Bu set üzerinden geçen kent surunun ortalarında Sfenksli Kapı yer alır.

도시의 남쪽 끝에는 땅속의 문이 있다. 이곳에서 높이가
30m, 길이 250m, 폭이 80m의 흙 제방이 형성되었다.
스핑크스 문은 이 제방을 지나 성벽의 중앙에 위치해 있다.

Yer kapı'da içinden geçilebilen 71 metre uzunluğunda ve 3 metre yüksekliğindeki Potern (Tünel)

땅속의 문에서 통과할 수 있는 길이 71m, 높이 3m의 포텐(터널)

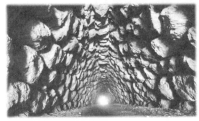

Sfenksli kapı

Yer Kapı setinin üzerinde, ortada Sfenksli Kapı yer alır. şehrin diğer büyük şehir kapılarının aksine bu kapının iki yanında kuleler bulunmaz. Kapı bir kulenin içinden geçer. Sfenksli kapı adını, kapı pervazlarında bulunan 4 adet Sfenksten alır. Günümüzde sadece kapının dış tarafındaki Batı Sfenksi orijinal yerindedir.

스핑크스 문

스핑크스 문은 대지의 문 세트 위 중앙에 위치해 있다. 도시의 다른 대도시 문과 달리 이 문은 양쪽에 탑이 없다. 이 문은 탑을 통과한다. 스핑크스 게이트는 문설주에 있는 4개의 스핑크스에서 그 이름을 따왔다. 오늘날에는 문 바깥쪽의 서쪽 스핑크스만 원래 자리에 남아 있다.

BÜYÜK MABET

위대한 성전

Erzak Küpleri
음식 큐브

Aslanlı Tekne
사자 보트

BÜYÜK MABET

위대한 성전

YAZILI KAYA AÇIK HAVA TAPINAĞI
야질리카야 야외 성전

HattuşaG'ın 2 km kuzeydoğusunda yer alan Yazılıkaya Tapınağı kentin en görkemli Açık Hava Tapınağı olarak kabul edilmektedir. Yazılıkaya Tapınağı, Hitit mimari özelliklerini yansıtan iki kaya odadan oluGmaktadır ve bu odalar A odası ve B odası adıyla anılmaktadır.

핫투사 북동쪽 2km에 위치한 야질리카야 성전은 이 도시에서 가장 웅장한 야외 성전으로 꼽힌다. 야질리카야 성전은 히타이트 건축 특징을 반영하는 두 개의 바위 방으로 이루어져 있으며 이 방은 챔버 A와 챔버 B로 알려져 있다.

Hattuşa'nın en etkileyici kutsal mekânı, şehrin dışında yer alan, yüksek kayalar arasına saklanmış Yazılıkaya Tapınağı'dır. Tapınak'ta 90'dan fazla tanrı, tanrıça, hayvan ve hayal ürünü yaratıklar kaya üzerine işlenmiştir.

핫투사의 가장 인상적인 성지는 도시 외곽의 높은 바위 사이에 숨어 있는 야질리카야 성전이다. 성전에는 90여 개의 신, 여신, 동물, 상상의 생물이 바위에 새겨져 있다.

A Odası   A 챔버

A odası'nın batı duvarı tanrı kabartmalarıyla, doğu duvarı ise tanrıça kabartmalarıyla bezeli olup, her iki duvardaki figürler, doğu ve batı duvarlarının kuzey duvarı ile birleGtiği ana sahnenin yer aldığı kısma doğru yönelmektedir.

챔버 A는 서쪽 벽면은 신들의 부조로, 동쪽 벽면은 여신의 부조로 장식되어 있으며, 양쪽 벽면의 인물은 동벽과 서벽이 북벽과 만나는 정면을 향해 배치되어 있다.

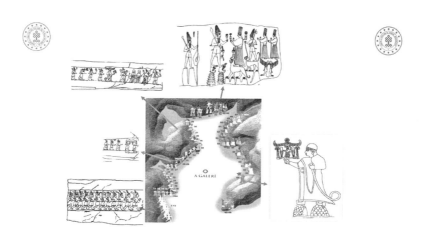

B Odası

B 챔버

Ayrı bir girişG bulunan B odasını girişGn iki yanında bulunan aslan başGı, Gnsan gövdeli kanatlı cinler korumaktadır. B odasının batı duvarında sağa doğru sıralanan On GiTanrı, doğu duvarında ise Kılıç Tanrısı ile Tanrı şarruma ve himayesindeki Kral IV. Tuthalia yer almaktadır. Bu bölümde iyi korunmuşG kabartmalar dışGında kayaya oyulmuşG üç adet niG bulunmakta olup, bu niGlere bir takım hediyelerin veya Hitit kral ailesinin ölü küllerinin saklandığı kapların konulduğu düGünülmektedir.

별도의 입구가 있는 챔버 B는 입구 양쪽에 사자 머리와 사람의 몸을 가진 날개 달린 정령이 지키고 있다. 챔버 B 서쪽 벽에는 12명의 신이 오른쪽으로 줄지어 있고, 동쪽 벽에는 칼의 신과 사루마 신과 그의 제자 투탈리아 4세 왕이 새겨져 있다. 이 구역에는 잘 보존된 부조 외에도 바위에 새겨진 3개의 틈새가 있는데, 이 틈새에는 히타이트 왕가의 선물이나 유골이 보관되어 있었던 것으로 추정된다.

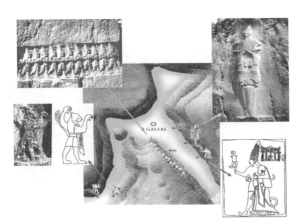

B Odası Kılıç Tanrısı Nergal | **챔버 B 검의 신 네르갈**

 B Odası On İki Tanrı | **챔버 B 12신**

TANRI ŞARRUMA VE HİMAYESİNDEKİ IV.TUTHALİYA

신 차루마의 지도를 받는 투탈리아 4세

ALACA HÖYÜK - ARİNNA

알라카회유크-아린나

ALACA HÖYÜK - ARİNNA　알라카회유크-아린나

Alacahöyük'teki ilk kazıyı İstanbul Müzeleri adına 1907 yılında Th. Makridi Bey yürüttü. Sistemli kazılara 1935'de başlanmış olup günümüzde hala devam etmektedir.

Eski Tunç Çağı ve Hitit çağında çok önemli bir kült ve sanat merkezi olan Alaca Höyük 250 metre çapındadır. Höyükte 4 uygarlık çağı açığa çıkartılmıştır. Eski Tunç ve Hitit dönemlerinden başka Kalkolitik, Frig, Helenistik, Roma, Bizans ve Osmanlı dönemleri de tespit edilmiştir.

알라카회유크의 첫 발굴은 1907년 이스탄불 박물관의 의뢰를 받아 Th.마크리디 베이가 지휘했다. 체계적인 발굴은 1935년에 시작되어 현재까지도 계속되고 있다. 구 청동기 시대와 히타이트 시대에 매우 중요한 컬트 및 예술 중심지였던 알라카 회유크는 지름이 250미터에 달한다. 이 고분에서는 네 가지 문명 시대의 유물이 발굴된다. 구 청동기 시대와 히타이트 시대 외에도 청동기, 프리기아, 헬레니즘, 로마, 비잔틴, 오스만 시대도 확인되었다.

ALACA HÖYÜK - ARİNNA　알라카회유크-아린나

ALACA HÖYÜK- ARİNNA

알라카회유크-아린나

Alacahöyük'teki ilk kazıyı İstanbul Müzeleri adına 1907 yılında Th. Makridi Bey yürüttü. Sistemli kazılara 1935'de başlanmış olup günümüzde hâlâ devam etmektedir.   Eski Tunç Çağı ve Hitit çağında çok önemli bir kült ve sanat merkezi olan Alaca Höyük'te 4 uygarlık çağı açığa çıkarılmıştır. Eski Tunç ve Hitit dönemlerinden başka höyük'te Kalkolitik, Frig, Helenistik, Roma, Bizans ve Osmanlı dönemleri de tespit edilmiştir.

알라카회유크의 첫 발굴은 1907년 이스탄불 박물관의 의뢰를 받아 Th.마크리디 베이가 지휘했다. 체계적인 발굴은 1935년에 시작되어 현재까지도 계속되고 있다.
구 청동기 시대와 히타이트 시대에 매우 중요한 컬트 및 예술 중심지였던 알라카 회유크는 지름이 250미터에 달한다. 이 고분에서는 네 가지 문명 시대의 유물이 발굴된다. 구 청동기 시대와 히타이트 시대 외에도 청동기, 프리기아, 헬레니즘, 로마, 비잔틴, 오스만 시대도 확인되었다.

Alacahöyük "L" Mezarı'nın Çorum Müzesindeki Uygulaması

초룸 박물관의 알라카회유크
"L" 무덤적용

Alacahöyük Hitit Dönemi Sfenksli Kapı
알라카회유크 히타이트 시대 스핑크스 문

Sağ sfenks üzerinde yer alan
Çift baGlı kartal ve pençelerinde tuttuğu iki tavGan

오른쪽 스핑크스의 발톱에 두마리의 토끼와
양머리 독수리

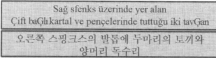

Alaca höyük Sfenksli Kapı Önünde Yer Alan Hitit Dönemine Ait Ortostadlar

알라카회유크의 스핑크스 문 앞에 있는 히타이트 시대의 오르토스타드

ORTAKÖY (ŞAPİNUVA)   오르타코이 (샤피누바)

Şapinuva, **Hitit Çağında** hem siyasi hem de coğrafi konumu nedeniyle çok önemli bir merkez haline gelmiş, kalabalık bir nüfusu barındırmıştır. Stratejik bir noktada yer alan bu Şehir aynı zamanda önemli bir askeri merkezdir.

Şapinuva, aynı zamanda çok önemli bir dinsel merkezdir. Boğazköy arşivlerinden bilinen günahlardan arınmayı temsil eden itkalzi arınma dualarının hazırlandığı ve ülkeye dağıtıldığı bu Şehirde Hurri dinsel kültürünün, Hitit dünyasıyla yoğun ilişkisi izlenebilmektedir.

Ortaköy kazılarında açığa çıkarılan Hitit çivi yazılı tablet arşivleri önemli bir yer tutmaktadır. Bugün için bu arşivlere ait tablet ve fragmanların sayıları 4.000'e ulaşmıştır.

Hitit döneminde önemli bir eyalet merkezi olan Şapinuva, Hitit ve Hurri Fırtına Tanrıları için ayrı ayrı inşa edilen iki Fırtına Tanrısı tapınağı, kraliçe sarayı, ordu komutanlığı ve belediye teşkilatı gibi kurumlarıyla oldukça gelişmiş bir Şehir görünümündedir.

1989 yılında başlayan kazılar günümüzde de devam edilmektedir.

오르타코이 발굴 과정에서 발굴된 히타이트 시대에 샤피누바는 정치적, 지리적 위치로 인해 매우 중요한 중심지가 되었고 많은 인구가 거주했다. 전략적 요충지에 위치한 이 도시는 중요한 군사 중심지이기도 했다. 샤피누바는 또한 매우 중요한 종교 중심지이다. 죄로부터의 정화를 상징하는 이깔지 정화 기도문이 작성되어 전국에 배포된 이 도시에서 후리 종교 문화와 히타이트 세계 사이의 밀접한 관계를 확인할 수 있다. 타이트 설형문자 석판 기록물은 중요한 위치를 차지하고 있다. 오늘날 이 아카이브에 속하는 석판과 파편의 수는 4,000개에 달한다. 히타이트 시대의 중요한 지방 중심지였던 사]샤피누바다는 히타이트와 후리 폭풍 신을 위해 별도로 지어진 두 개의 폭풍 신전, 여왕의 궁전, 군 사령부 및 지방 자치 단체가있는 고도로 발달 된 도시의 모습을 가지고 있다. 1989년에 시작된 발굴 작업은 오늘날에도 계속되고 있다.

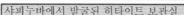

Şapinuvada açığa çıkartılan Hitit Dönemine ait depo odaları
샤피누바에서 발굴된 히타이트 보관실

ESKIYAPAR

에스키야파

Alaca Gülçesi'nin 5 km batısında, Alaca- Sungurlu yolu üzerinde bulunan höyük, Boğazköy'ün 25 km kuzeydoğusunda, Alacahöyük'ün ise 20 km güney doğusunda yer almaktadır. Eskiyapar'da ilk kazı çalışmalarına Ankara Anadolu Medeniyetleri Müzesi tarafından 1968 yılında başlanıp, çalışmalar 1983 yılına kadar devam etmiştir. Bu tarihten itibaren ara verilen çalışmalar daha sonra 1989-1991 yılları arasında Çorum Müzesi Müdürlüğü başkanlığında devam ettirilmiştir. Bu çalışmalar sonucunda Höyük'te kesintisiz bir iskânın varlığı tespit edilmiş G ve Eski Tunç, Hitit, Frig, Roma ve iki safhalı Helenistik dönem yerleşmelerine rastlanılmıştır.

알라자 구에서 서쪽으로 5km 떨어진 알라자순굴루
도로에 위치한 이 고분은 보가즈코이 유적지다.
알라자회유크에서 북동쪽으로 25km,
알라자회유크에서 남동쪽으로 20km 떨어져 있다.
에스키야파르의 첫 발굴은 1968년 앙카라
아나톨리아 문명 박물관에 의해 시작되어
1983년까지 계속되었다. 이 날짜 이후 중단된 발굴
작업은 1989년부터 1991년까지 초롬 박물관
사무국의 지휘 아래 계속되었다. 발굴 결과, 고분에서
중단되지 않은 정착지가 있었음이 확인되었고 고대
청동기, 히타이트, 프리기아, 로마 및 2단계 헬레니즘
시대 정착지가 발견되었다.

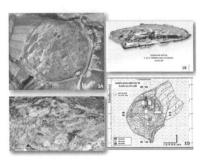

Eskiyapar-Tahurpa

에스키야파-타후르파

Eskiyapar'da ilk kazı çalışmalarına 1968 yılında başlanmış olup günümüzde de devam etmektedir. Höyük'te kesintisiz bir iskânın varlığı tespit edilmiş ve Eski Tunç, Hitit, Frig, Roma ve iki safhalı Helenistik dönem yerleşmelerine rastlanılmıştır.

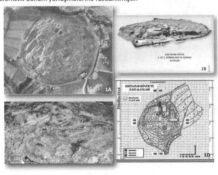

에스키야파르의 첫
발굴은 1968년에 시작되어
오늘날까지 계속되고 있다.
고분에서 중단되지 않은
정착지가 발견되었으며 고대
청동기, 히타이트, 프리기아,
로마 및 2단계 헬레니즘
시대의 정착지가 발견되었다.

Çorum Müzesi 초룸 박물관

 Çorum Müzesi 초룸 박물관

Çorum Müzesi 초룸 박물관

 Boğazköy Müzesi 보아즈쾨이 박물관

Alacahöyük Müzesi 알라카회유크 박물관

Hititler Sergisi 히타이트 전시회

T.C. Kültür ve Turizm Bakanlığı, Kültür Varlıkları ve Müzeler Genel Müdürlüğünün izinleriyle Kore Cumhuriyeti'nin (Güney Kore) Gimhae Ulusal Müzesinde 7 Ekim 2024- 2 şubat 2025 tarihleri arasında, Seul Baekje Müzesinde ise 7 Mart 2025- 8 Haziran 2025 tarihleri arasında düzenlenmesi planlanan "Hititler" başlıklı sergide yer almak üzere Çorum, Boğazköy ve Alacahöyük Müzelerinden eserler 3 Eylül 2024 Salı Güney Kore Cumhuriyetine gönderilmiştir.

터키 문화관광부 문화유산박물관총국의 허가를 받아 2024년 10월 7일부터 2025년 2월 2일까지 대한민국 국립김해박물관에서, 2025년 3월 7일부터 6월 8일까지 서울 백제박물관에서 개최될 예정인 '히타이트' 전시회에 참가하기 위해 초룸, 보아즈쾨이, 알라자회유크 박물관의 유물들이 9월 3일 화요일 대한민국으로 보내졌다.

Sergide Yer Alan Eser Grupları
전시회에서 소개된 주요 유물 그룹

- **Seramik Eserler**
- **Madeni Eserler**
- **Kalıplar**
- **Mühürler**
- **Bullalar**
- **Tabletler**

- 세라믹 유물
- 금속 유물
- 금형
- 물개
- 도장
- 태블릿

Seramik Eserler 세라믹 유물

Gaga Ağızlı Kaplar 부리 입 용기

Seramik Eserler 세라믹 유물

Kaplar
용기

Seramik Eserler 세라믹 유물

Kaplar
용기

Seramik Eserler 세라믹 유물

Kaplar 용기

Seramik Eserler 세라믹 유물

Libasyon Kapları 리베이션 용기

Madeni Eserler

금속 유물

Bıçak, Hançer, Orak 칼, 단검, 낫

Madeni Eserler

금속 유물

Ok Ucu 화살촉

Madeni Eserler　금속 유물

Mızrak Ucu

창

Madeni Eserler　금속 유물

Zırh

갑옷

Madeni Eserler   금속 유물

Deliciler
드릴 도구

İğneler
니들

 ## Madeni Eserler   금속 유물

Kalemler-Stylus
펜-Stylus

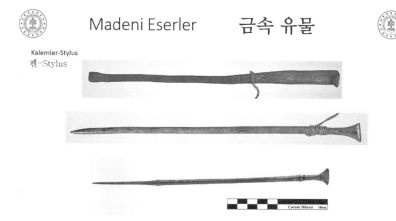

Biley ve Aletler
샤프너 및 도구
Madeni Eserler 금속 유물

Baltalar 축
Madeni Eserler 금속 유물

Madeni Eserler　금속 유물

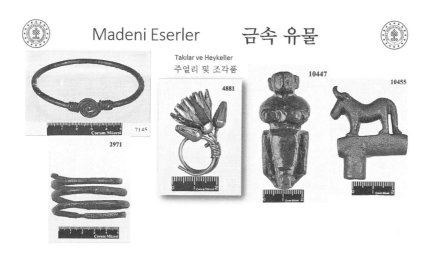

Takılar ve Heykeller
주얼리 및 조각품

7145
2971
4881
10447
10455

Kalıplar　금형

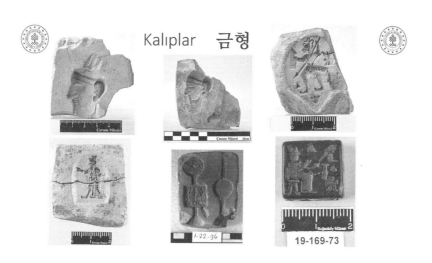

19-169-73

Kalıplar 금형

Mühürler 도장

Bullalar　도장

Tabletler　태블릿

İlginiz için teĞekkür ederim.

Thank you for attention.

관심을 가져주셔서 감사합니다

종합토론

■ 일시 : 2024. 9. 27. 16:25 ~ 18:00

■ 장소 : 국립김해박물관 대강당

윤형원 : 안녕하십니까? 국립김해박물관 윤형원입니다. 오늘 가야고분군 세계유산 1주년을 맞아 김해 대성동고 분군의 유네스코 세계유산적 의미와 활용 방안에 대해 발표자 여러분께서 그동안 못 보던 자료를 많이 제시해 주셔서 감사합니다.

토론에 앞서 세 분의 또 토론자님을 소개해 드리겠습니다. 얼마 전에 국립가야문화유산연구소에서 자리를 옮기셨습니다. 국립해양문화유산연구소 이은석 선생님입니다.

이은석 : 안녕하십니까.

윤형원 : 경상남도 문화유산위원회 김수환 선생님입니다.

김수환 : 안녕하십니까.

윤형원 : 인제대학교 김민재 교수님입니다.

김민재 : 안녕하십니까.

윤형원 : 먼저 이은석 선생님부터 질문 부탁드립니다.

이은석 : 심재용 선생님과 이춘선 선생님께서 대성동고 분군의 유적, 유물을 잘 정리해 주셨습니다. 여기에 대해 사실 크게 질문할 것은 없고, 제가 의문을 가지고 있는 것이 있습니다.

현재 국립가야문화유산연구소가 봉황동유적 왕궁터 발굴 조사를 진행하고 있습니다. 4세기 유적도 좀 나오지만 5세기와 6세기 단계까지의 유적들이 아주 잘 나오고 있습니다.

신경철 선생님 말씀대로라면 5세기 중반의 세력들이 고구려의 남정으로 어느 정도 와해 됐을 거라 생각됩니다. 그런데 현재 조사 중인 봉황동유적을 조성한 5~6세기의 세력들은 왕궁터 유적을 확장 시키고 여러 유물을 남겼습니다. 여기에 대형 무덤을 축조할 수 있는 왕이나 왕족이 거주하였을 것으로 보이는데, 그렇다면 당시 무덤을 조성할 때 자체적으로 무덤 규모가 축소됐는지 아니면 다른 세력이 들어와 축조한 것인지에 대해 심재용 선생님이나 이춘선 선생님이 구체적으로 언급해 주셨으면 감사하겠습니다.

윤형원 : 심재용 선생님 답변해 주시기 바랍니다.

심재용 : 제가 답변드리겠습니다. 먼저 봉황동 유적 첫 번째 보고서인 봉황토성 보고서에서는 봉황토성이 5세기 후반대에 조성한 것으로 되어 있고, 현재 국립가야문화유산연구소에서 조사하고 있는 유적의 토층도 5세기 ~6세기 층이 주요 층위입니다.

결론만 말씀드리면 발표에도 언급했듯이 저는 이제 신경철 선생님과 비슷한 의견이지 똑같지는 않습니다. 저도 일본과 고령에 대규모로 지배층 일부가 주로 들어갔다고 보고 있지만, 차이점이 있다면 지배층의 분열을 들 수 있습니다.

이제 어느 정도 복원을 할 수 있는 자료가 봉황토성이 아니겠는가 생각됩니다. 대성동 73호분 대형 석곽묘가 5세기 후기에 등장을 합니다만 아까도 말씀드렸지만 복천동 고분군에 비하면은 작습니다. 또 부곽도 없습니다. 이런 상황을 어떻게 해석해야 하는가. 그리고 왕의 무덤으로 거의 확실한 대성동 91호나 70호분 주변으로 5세기 후반 말기~ 6세기 초에 만든 작은 중소형 석곽묘가 그 무덤들을 파괴하고 조성되고 있습니다. 이런 상황을 어떻게 해석할 것인가. 대형 무덤이 안 보이고 중형 무덤뿐입니다. 그런데 여기에서 출토한 유물들은 괜찮습니다. 기본적으로 철정과 금귀고리가 있고, 비늘갑옷이 확인됩니다.

그런 측면에서 대형 무덤이 아니지만, 중소형 무덤에 어느 정도 부장품을 갖추고 있다는 사실에서 어느 정도의 정치체가 존재했다고 말씀드릴 수 있습니다.

이은석 : 혹시 대성동고분군 세력들의 무덤이 원지리나 이런 쪽으로 이동한 경우는 없을까요?

심재용 : 현재 수릉원인 가야의 숲 유적에서 동아세아문화재연구원이 조사한 3호 목관묘가 유명하지만, 삼강문화재연구원에서 조사했던 수로왕릉과 인접한 동쪽 지역에서는 석곽묘와 석실분이 확인되었습니다. 7세기 초의 석실분이 확인되고 있어서 1960년대에 공설운동장을 만들며 구릉이 사라졌기 때문에 그런 증거들이 나오지 않는 것으로 보고 있습니다.

원지리는 별도의 세력으로 생각하고 있습니다.

윤형원 : 이은석 선생님 다케스에 선생님께 질문 부탁드립니다.

이은석 : 다케스에 선생님께 질문하겠습니다. 시바타의 김해 봉황동 선박 복원도를 보면 봉황동에서 확인된 배의 적재 중량을 10~11.6톤 규모로 추

정하고 있습니다. 적어도 철을 싣고 갈 때 선원을 포함해 최소한 5톤 이상의 물품을 실을 수 있습니다.

저는 당시에 화폐도 사용하였지만, 교역에서는 물물 교환이 제일 중심이었을 것으로 생각합니다. 그렇다면 5톤의 철 생산품을 가지고 가기 위해 일본에서는 5톤 정도의 무엇을 대표적으로 싣고 왔는지 묻고 싶습니다.

윤형원 : 다케스에 선생님 답변 부탁드립니다.

다케스에 준이치 : 저는 대성동고분군에서 출토한 왜계 위세품이 물물 교환을 위한 물품이었다고 생각하지 않습니다.

실증하기는 어렵지만, 일본에서 가지고 왔다고 생각할 수 있는 물품은 쌀, 목재, 해산물 등이 있습니다. 그런 물품이 교환 대상이었을 것으로 생각됩니다.

화폐, 중국 화폐를 대량으로 사용한 시기는 야요이 시대입니다. 화폐교환을 하는 세력이 강할 때의 일시적인 현상으로 생각됩니다. 고분 시대에는 중국 화폐가 거의 나오지 않습니다. 고분 시대에 들어서면서 물물 교환이 다시 성행 했다고 생각됩니다.

윤형원 : 다음으로 김수환 선생님 질문 부탁드리겠습니다.

김수환 : 제가 드리고자 하는 질문은 크게 가야고분군의 세계유산적 가치입니다.

심재용 선생님도 발표해 주셨지만 상당 부분을 강동진 선생님이 말씀하셨기 때문에, 특히 이와 관련한 홍보에 대해 강동진 선생님께 질문을 드립니다.

세계유산적 가치와 속성에 대한 연구자의 이견과 가야고분군이 속한 7개 지자체마다 축적·적립된 가야 관련 자료들에서 상당히 충돌되는 내용들이 존재합니다.

이러한 다양하고 충돌되는 내용을 교육하고 홍보해야 할 경우, 전 세계적인 사례에서 선생님께서 제시해 줄 수 있는 의견이 있으신지를 여쭤보고 싶습니다.

다음으로 가야고분군이 매장 문화유산이기 때문에 거듭 발굴 조사를 하게 되면 또 다른 속성과 가치를 확보할 수 있습니다.

현재 굉장히 다양한 성격의 가야 유적을 지금도 조사하고 있어, 확장 등재의 가능성도 계속 제기되고 있습니다. 이러한 확장 등재의 가능성에 대한 답변도 부탁합니다.

윤형원 : 강동진 교수님 답변 부탁드립니다.

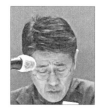

강동진 : 질문 감사합니다. 질문에 두 가지의 방향성이 있는 것 같습니다.

저처럼 가야가 메인 전공자가 아닌 사람의 입장, 국민의 입장에서 볼 때 이번 기회가 가야사를 재정립할 수 있는 좋은 기회라고 생각합니다. 이것을 긍정적 효과로 확장하는 고민은 중요한 부분이고, 가야 연구자들뿐 아니라 지자체와 국가까지 힘을 합쳐 끊임없이 OUV, 가치 정립된 가치를 더 강화하고 보완할 수 있는 방법을 찾아야 합니다.

전 세계적으로 이런 유사한 경우들은 늘 있고 세계유산 등재 이후의 과정을 어떻게 풀어가느냐가 더 중요합니다.

등재 이후에 별다른 변화가 없거나 그냥 등재된 걸로 끝나는 문화유산도 있는 반면, 등재된 이후 더 큰 힘을 발휘해 그 가치를 늘려가는 그런 문화유산도 매우 많습니다.

저는 가야고분군이 독특한 특징을 가지고 있다고 생각합니다. 가야고분군과 박물관이 세트로 존재하는 특징입니다.

전 세계의 연속 세계유산 가운데 세계유산 하나하나마다 박물관이 이렇게 옆에 붙어 있는 경우는 없습니다. 매우 독특한 사례입니다. 이 특징이 비슷한 시기의 신라와 백제 문화유산보다 훨씬 탁월한 강점이라고 생각합니다.

가야고분군을 세계유산으로 등재할 때 각 가야고분군의 박물관의 학예사들이 함께 이 작업을 진행한 걸로 알고 있습니다. 학예사들이 모여서 같이 의논하고, 각자 지역으로 돌아가 의논한 내용을 정리하고 부족한 부분은 다음 회의 때 논의하는 끊임없는 피드백 과정 속에서 OUV가 정리가 되고 7개 고분군이 갖고 있는 특징들이 잘 정리가 되었습니다. 이런 부분들을 계속 강화해야 한다고 생각합니다.

가야고분군의 공통적인 가치를 똑같이 얘기하면서 각 고분군의 차별화된 자기들만의 소재를 얘기할 수 있는 시스템을 아주 정교하게 만들어야 된다고 생각합니다.

똑같을 필요는 없지만 각 고분군을 갔을 때 내지는 각 박물관을 방문했을 때 이게 가야고분군이 세트로 움직이고 있구나 그러면서도 자기 걸 강조하고 있구나 그런 부분들이 분명하게 전달될 수 있어야 되고 이 사례를 가야고분군에서 세계에서 유일하게 만들어야 합니다.

두 번째 질문인 세계유산 확장 등재에 대해 결론부터 말씀드리면 얼마든지 가능합니다.

확장 등재 케이스는 얼마든지 가능합니다. 현재 한국의 갯벌이 4개 지역으로 등재되어 있는데, 2단계 사업으로 추가로 3개 지역이 확정됐고, 충남의 서산 지역까지 포함이 될 것으로 예측됩니다.

그래서 총 4개를 추가를 더 하는 지금 등재 심사를 받고 있는 것이 울산 암각화고요.

확장 등재를 할 때는 신규 등재 과정을 똑같이 밟습니다. 이게 그냥 추가로 되는 게 아니고 똑같은 절차를 거치게 됩니다. 쉽지는 않습니다. 이상입니다.

윤형원 : 답변 감사합니다. 김수환 선생님 이춘선 선생님께 질문 부탁합니다.

김수환 : 인골의 경우 대성동고분군에서 여러 환경적 조건에 따라 다량으로 출토되고 있습니다. 이춘선 선생님께 드리고 싶은 질문은 대성동고분군 91, 88호분 인골 순장자 관련입니다.

빗 모양 장신구 등을 통해 왜와 관련된 인물로 보셨고, 최근 발굴 조사된 108호분 인골 순장자를 다량의 왜계 유물과 연관해 왜계 여성으로 추정하셨는데 이에 대한 근거가 무엇인지 설명을 부탁드립니다.

윤형원 : 이춘선 선생님 답변 부탁드립니다.

 **이춘선** : 빗 모양 골제 장식물은 착장 유물이고 착장 유물은 여성이 계속 그거를 착용하고 있는 유물입니다. 일반적으로 여성들은 유행이라든지 그런 것에 민감하지 않습니까?

유물부장 양상에서 왜계 유물이 많이 들어와 있는 정

황들을 감안해 왜와 관련된 인물로 저는 생각했습니다. 앞으로 DNA 분석, 인골 분석 등으로 연구를 확장한다면 더 많은 사실을 알 수 있을 것으로 생각됩니다.

윤형원 : 김수환 선생님, 마지막으로 다케스에 선생님께 질문 부탁드립니다.

김수환 : 순장자는 일정 기간 묘주에 접근해 보필하던 사람이고 높은 신뢰나 주종 관계를 바탕으로 묘주가 죽은 이후에 사후 봉사하는 목적이 있었다고 생각됩니다.

순장자 가운데에 만약 왜인이 포함돼 있다면 순장자의 연령대를 고려할 때 유소아나 아니면 10대 정도 때 이제 이주해 온 자일 가능성이 있을 걸로 생각합니다.

다케스에 선생님께서는 대성동고분군 피장자 가운데 왜인으로 단정지을 수 있는 무덤은 없다고 하셨습니다. 저는 이춘선 선생님과 마찬가지로 순장자 중에는 충분히 왜인이 있었을 가능성이 있다고 생각합니다.

만약 그렇다면 금관가야와 왜 정권 간의 이런 것은 어떤 의미로 해석을 할 수 있을지 질문드립니다.

윤형원 : 다케스에 선생님 답변해 주십시오.

다케스에 : 매우 어려운 문제를 질문하셨습니다.

우선 저는 왜인이 금관가야에 많이 거주하고 있었다고 생각하고 있습니다. 그 가운데 순장자가 존재했을 가능성도 물론 있다고 생각합니다.

다만 그걸 어떻게 증명할 것인가가 문제입니다. 빗 모양 장신구도 하나의 증거가 될 수 있다고 생각합니다.

순장자 주변으로 하지키계 토기가 출토되는 것이 확인된다면 가능성이 있다고 생각하지만, 아직 명확한 사례는 없다고 할 수 있습니다.

더불어 형질 인류학적 조사도 필요하다고 생각합니다. DNA 분석도 더 하면 좋을 것 같습니다.

말씀 하신대로 만약 왜인 순장자가 있었고 사후 봉사의 목적이라고 한다면, 사후 교류의 창구 역할로 보았던 것이 아닌가 생각됩니다.

윤형원 : 다케스에 선생님 답변 감사합니다. 사실 앞으로 대성동고분군을 들여다보면 앞으로 알 수 있는 부분들이 무궁무진할 것 같습니다.

다음으로 김민재 교수님 질문 부탁드립니다.

김민재 : 저는 김해가 고향입니다. 대성동고분군은 제가 어릴 때 놀던 놀이터이기도 합니다.

지금은 저희 아이들이 노는 놀이터입니다. 단순한 유적이 아닌 생활 속의 공간이다라고 말씀드리고 싶습니다. 오늘 학술회의를 통해 축적된 학문의 성과가 어떻게 시민들의 삶 속에 녹아들게 할지가 앞으로의 과제가 아닌가 생각합니다.

저는 오늘 나온 발표를 공부하면서 느낀 점들을 좀 전달하고 마무리하려고 합니다.

첫 번째는 심재용 선생님께서 말씀하신 세계유산의 가치입니다.

대성동고분군이라는 세계유산을 지속적으로 유지하고 관리하기 위해서는 공공비용 투입이 계속될 것입니다.

공공투입 규모에 대한 타당성을 담보할 수 있는 기준은 대성동고분군이 가지고 있는 경제적 가치가 되지 않을까 생각됩니다.

오늘 아침 메타친이라는 이탈리아 학자가 공동 연구해 올해 발표한 유네스코 문화유산의 경제적 파급 효과를 분석한 연구논문을 찾았는데, 재미있는 결과가 있었습니다.

유네스코 세계유산에 지정된 5년 후에 1인당 과세 소득이 한 5% 이상 증가하고, 고도로 도시화된 지역의 경우에 부동산의 자산 가치가 한 10% 정도 증가했다고 합니다. 더불어 상업용 부동산 가치도 증가했다고 합니다.

공간 범위는 설정하지 않았는데 아마 강동진 교수님께서 발표하신 것처럼 와이드 세팅 지역을 대상으로 하지 않았을까 추측합니다.

이런 방법들 외에도 한동안 학계에서 많이 다뤘던 방법 가운데 하나가 시장에서 거래되지 않는 재화에 대한 가치 추정법들, 예컨대 직지심경의 경제적 가치를 추정하거나 석굴암의 경제적 가치를 추정하는 연구들은 꽤 많은 데이터가 축적되어 있습니다.

이런 부분들이 앞으로 행정 분야와 학계가 함께 연구해야 할 영역인 것 같습니다.

이런 연구들이 시민들에게 우리 지역 세계유산의 가치를 인식시키는 데 큰 도움이 될 것으로 생각됩니다.

두 번째로는 공간에 대한 부분입니다. 강동진 교수님이 말씀하신 것 가운데 제일 가슴에 와닿았던 것이 도심형 문화유산이라는 단어였습니다.

대성동고분군은 이제 우리 삶의 한가운데에 있는 유산으로서 앞으로 얼마나 잘 유지 보존해 나갈 것이냐에 대한 문제와 시민들에게 어떻게 각인시키며 공유해 나갈 것인지가 계속 김해시가 가져야할 숙제가 아닐까 싶습니다.

그런 부분에 있어서 제가 전공하고 있는 도시계획이나 설계 분야의 협업이 필수적이라고 생각됩니다.

강동진 교수님께서는 통합형 관리 체계 구축을 제안해 주셨습니다. 저는 전적으로 공감하는 부분입니다. 이 제도의 정비가 반드시 필요하다고 생각합니다.

문화유산 관련 제도를 기본적으로 도시 기본 계획과 반드시 연동시킬 필요가 있습니다.

김해시가 이런 선도 모델을 만드는 것이 매우 중요합니다.

마지막으로 제도가 정비되었으면 이제 어떻게 추진할 거냐에 대한 문제가 있습니다.

이 문제 역시 결국엔 시민과 함께, 지역사회와 함께해야 할 과제인 것 같습니다.

이 부분도 아마 행정부와 학계가 앞으로 풀어가야 될 숙제입니다.

결론적으로 좀 말씀드리자면 대성동고분군에 대한 인식, 시민들이 가지고 있는 인식은 저를 포함해 기념비적인 세계유산이라는 부분도 있겠지만, 삶의 놀이터이기도 합니다.

이것을 어떻게 시민들께 인식시키고, 교육시켜 앞서 말씀하신 홍보를 하느냐가 큰 숙제인 것 같습니다.

제 개인적인 경험을 마지막으로 또 말씀드리자면 파형동기 모형과 김해시 캐릭터인 토더기를 저희 아이들한테 주며, 이게 뭔지 공부를 해봐라고 했더니 검색으로 꽤 많은 자료를 찾아서 보고 있는 것을 보고 깜짝 놀랐었습니다.

사실 아이들은 우리 지역이 가진 콘텐츠를 몰라서 공부를 못하고, 인지를 못하는 것이지 우리가 파형동기와 토더기 같은 재미난 소재와 같이 결합해 주면, 충분히 스스로 학습하고 공부해 지역에 대한 이해를 합니다.

가야사 학술대회가 29회인데 이 축적된 데이터들을 시민들의 눈높이에 맞춰서 어떻게 전파할 것인가에 대한 문제에 대한 부분들을 앞으로 저희가 힘을 합쳐 풀어나가야 될 것으로 생각됩니다. 이상 제 토론을 마치도록 하겠습니다. 감사합니다.

윤형원 : 네 김민재 교수님 감사합니다. 세계유산 가야고분군의 앞으로의 과제를 밝히는데 또 새로운 시각으로 말씀을 해 주셔서 대단히 감사합니다.

김민재 교수님은 강동진 교수님의 도심형 세계유산 부분에 가장 관심이 많으신 것 같습니다. 강동진 교수님 답변 부탁드리겠습니다.

강동진 : 아주 흥미롭게 토론해 주셔서 감사합니다. 세계유산 제도 안에 모니터링 제도가 있습니다. 모니터링은 의무적으로 해야 합니다. 교수님께서 경제 파급 효과 얘기를 해주셨는데 김해시의 경우 모니터링의 결과를 9년마다 유네스코에 보고 해야 합니다.

통합관리단이 확정되면 모니터링 시스템을 구축하고 정기적으로 7개 고분군을 취합해서 유네스코 제출하는 작업이 진행될 것입니다.

교수님 제안처럼 지역의 변화 양상을 모니터링 항목으로 넣는다면 제가 볼 때는 아주 좋은 결과가 있을 것 같습니다. 모니터링 항목을 구성하면서 부족함을 조금씩 매년 채워나는 과정을 거치면서 경제 파급 효과를 잘 체크를 한다면 지역이 정말로 선도적으로 변할 수 있는 과정을 직접 경험하고 유도할 수 있지 않을까 생각됩니다.

제가 옛날에 김해시에서 책 읽는 도시를 슬로건으로 내걸었던 기억이 있습니다.

또 수년 전에는 슬로우시티로도 지정되었고, 문화도시도 하고 있습니다. 이러한 사업의 공통점은 다른 도시에서 선택하지 않는 소프트웨어 중심의 문화 전략인데 김해시에서 이러한 전략을 잘 쓰고 그것을 추구하는 특징을 분명히 가지고 있습니다.

슬로우시티만 해도 도시계획 분야나 문화 분야나 건축 분야만으로 해결할 수 있는 일이 절대 아닙니다.

여기에 세계유산이라는 항목이 하나 더 추가되었기 때문에 정말 통합적 발상을 해야 김해시를 세계적인 문화도시 또는 격이 높은 도시로 만들 수 있다고 생각합니다.

그래서 시청 내 부서 간에 옛날 도시 디자인과를 최초로 만들어냈듯이 그런 통합적 발상을 할 수 있는 공간을 마련해 줬으면 하는 바람을 개인적으로 강력하게 요청 드립니다.

지역민의 공감이 없이는 한 발자국도 나갈 수 없는 것이 세계유산의 특징입니다.

그래서 지역 커뮤니티의 역할을 매우 중요시하는 게 또 세계유산 분야입니다.

지금 가야사 학술회의에서 다루고 있는 것은 1~6세기 가야 사람들의 역할인데, 더불어 2024년을 살아가고 있는 현재 시민과 김해에서 살아갈 다음 세대의 또 미래 시민, 이 세 가지가 하나로 움직여야 된다고 생각합니다.

이러한 공감을 통해 세계유산이 변화무쌍한 도시와 공존할 수 있는 과정에 좀 더 많은 관심과 노력을 좀 해 주셨으면 하는 개인적인 바람을 가져봅니다.

윤형원 : 강동진 교수님 감사합니다. 오늘은 전방위적으로 토론이 진행되어서 다양한 의견을 들을 수 있어 좋은 것 같습니다.

인골을 비롯한 가야유물을 활용해 앞으로 가야사 교육을 어떻게 해야 하는가에 대한 고민이 토론 중에 있었습니다. 이춘선 선생님께서 한 말씀 해

주시면 감사하겠습니다.

이춘선 : 제가 생각하는 저희 박물관의 역할은 유물을 통해 대성동고분군의 여러 콘텐츠를 뒷받침할 수 있는 확실한 증거를 마련하는 것이라고 생각합니다.

그런 의미에서 대성동고분군으로 저희가 할 수 있는 고고학적인 연구 방향을 세 가지 정도 생각할 수 있습니다.

금관가야권에서는 외절구연고배를 비롯한 아주 우수한 토기와 철기가 많이 있었습니다만, 제가 자세히 살펴보니 아라가야 출토 유물도 상당히 있었습니다. 승선문 단경호의 경우, 그릇만 들어온 것이 아니라 그 안의 내용물도 같이 들어왔을 것입니다.

때문에 저는 금관가야가 해외교역에 큰 역할을 할 당시에 아라가야도 서브적인 역할을 하지 않았나 생각합니다. 각각의 연맹에서 봤을 때 그런 역할들이 유물로 어떻게 나타나는지 연구해 볼 필요가 있습니다.

두 번째, 또 김수환 선생님도 말씀을 해주셨는데 금관가야는 철기의 생산과 철정 교류가 활발했습니다. 그렇지만 철기를 만들었던 장인을 최고 집단으로 말할 수는 없을 것 같습니다. 철기를 제작하는 집단들은 창원 다호리 고분군 목관묘 단계에도 많이 있었습니다.

그런데 철제품을 유통하고 국제 교역에서의 어떤 역할들을 해내는 것은 정치적 역량이 있어야 합니다. 유통을 할 수 있는 정치적 역량은 대성동을 중심으로 했던 금관가야의 상위 계층들이었던 걸로 생각하고 있습니다. 그런 것들을 좀 더 적극적으로 증빙할 수 있는 목탄요라는 것들이 이제 최근에는 3세기에 해당하는 것들도 나오고, 함안에서도 나오고 있고 또 금관가야에서도 3세기 밀양의 제대리, 전사포리 이런 쪽에서도 나오고 있습니다. 목탄은 제철을 하기 위한 필수 불가결한 요소이고 철광석 산지인 매리 광산이 바로 옆에 있습니다.

산지가 있는 곳을 분석하고 그곳을 운영한 집단이 정치적인 역량을 발휘했는지를 좀 더 연구해보는 것이 필요합니다.

세 번째로는 심재용 선생님께서 대성동고분군 73호분관련으로 말씀하셨는데, 저는 원지리도 괜찮은 것 같습니다.

원지리도 그렇고 그 이후에 구산동의 정치체도 커다란 고총 고분을 형성하고 있습니다.

그게 지금 당장 눈에 보이지 않는다고 해서 없다고 생각하는 것은 아닙니다.

다만 일반적으로 봤을 때 고령 지산동처럼 높은 봉토분이 보이지 않는 것은 확실한 것 같습니다.

5세기 이후에도 김해 내륙에는 곡간지마다 읍락이 발달해 있습니다.

곡간지마다 발달된 읍락을 지배층이 교통로를 따라 통제하는 역할을 분명히 하고 있습니다.

때문에 봉황토성은 5세기 중후반까지도 분명히 굳건하게 왕성으로서 역할을 했다고 보고 있습니다.

원지리 안에서도 철제 슬러그 같은 것들을 부장하고 있습니다. 늦은 시기까지도 슬러그를 무덤에 부장하는 양상은 철 제련 기술을 소중히 여기고 그것을 다루는 사람들에게 상당한 지위를 주고 있다는 것으로 볼 수 있습니다. 그러한 내용에 대해 조금 더 연구를 해보는 것이 대성동고분군을 고고학적으로 밝힐 수 있는 콘텐츠 연구 분야라고 생각합니다.

윤형원 : 말씀 감사합니다. 앞으로 연구해야 할 부분이 많은 것 같습니다. 여러 질문 가운데 경제적 가치, 대성동고분군의 가치 중에서도 경제적 가치가 있다고 김민재 교수님께서 말씀해 주셨습니다. 심재용 선생님 대성동

고분군의 경제적 가치에 의견이 있으면 말씀해 주시기 바랍니다.

심재용 : 저는 이제 김민재 교수님께서 하셨던 여러 말씀에 공감합니다. 앞으로 관련 내용을 충분히 자문 받아 진행할 생각입니다.

좀 전에 윤형원 관장님께서 이춘선 선생님께 가야사 교육에 대해 물어보셨는데, 저도 가야사 교육이 진짜 중요하다고 생각합니다.

국립김해박물관의 경우도 가야사 아카데미와 가야학술제전을 하고 있고, 저희도 가야사 학술회의를 하고 있습니다. 이러한 프로그램을 바탕으로 어떤 식으로 시민에게 다가가는 가야사 교육을 실현하는 문제가 가장 큰 것 같습니다.

시민교육, 지역 커뮤니티 활용 등의 문제가 앞으로의 숙제가 아닐까 그렇게 생각합니다.

윤형원 : 우리가 세계유산 가야고분군, 대성동고분군의 학술적인 부분 특히 고고학이나 역사학에서 많은 고민을 해 왔지만 앞으로는 세계유산의 가치, 더불어 많은 관람객이 찾아와 유발된 경제적 가치까지 우리가 함께 생각해 볼 때가 되지 않았나 싶습니다.

객석에 동의대학교 박물관 김동원 선생님이 계십니다. 김동원 선생님 오늘 주제에 질문하실 내용 있으시면 부탁드립니다.

김동원 : 오늘 여러 선생님께서 발표하신 내용을 잘 듣고 많은 공부가 됐습니다.

특히 가야고분군이 7개 고분군이죠. 세계유산으로 지정되어서 앞으로 잘 관리가 될 것으로 생각되는데, 다른 것보다도 저는 강동진 교수님 말씀하신 내용에 전적으로 공감을 하는 부분이 많았습니다.

그리고 김민재 교수님께서 경제적인 부분 그런 거 말씀하셨는데, 7개 가야고분군이 세계유산으로 많이 알려져서 경제적인 파급 효과가 있으면 좋겠습니다.

다만 그것이 어느 정도 적정선에서 잘 관리되어야 한다는 생각이 듭니다. 제가 최근에 TV를 통해 본섬이 세계문화유산으로 지정된 베네치아의 경우 과잉관광으로 피해가 많은 것을 알게 되었습니다. 더불어 일본에서도 관광객들이 많이 집중되면서 교토의 경우에도 그런 피해를 입고 있다고 들었습니다. 우리 가야고분군이 세계적으로 많이 알려져 많은 관광객이 찾아올 때 그것을 잘 관리할 수 있는 종합적으로 검토가 필요하지 않나 생각합니다.

윤형원 : 말씀 감사합니다. 답변은 강동진 교수님께 부탁드립니다.

강동진 : 답변이라기보다는 김동원 선생님 말씀에 조금만 추가하겠습니다.

과잉 관광, 오버투어리즘으로 문제가 심각한 세계유산이 많습니다.

하지만 가야고분군은 아직 그 단계는 아닌 것 같습니다.

가야고분군은 고분군과 박물관이 세트로 있고 더불어 도시가 항상 붙어 있습니다.

그렇기 때문에 가야고분군 자체를 관광하거나 방문하는 것도 필요하지만, 붙어 있는 박물관을 활용해 기능을 강화시키고 확장을 시켜야 할 필요가 있습니다.

더불어 도시에 방문자를 수용하는 시스템을 구축하면, 경제적인 파급 효과가 좀 더 크게 나타날 수 있고 또 그 과정에 과잉 관광의 후유증을 줄이는 방안을 미리 마련하면 좋지 않을까 생각해 봅니다.

윤형원 : 예 감사합니다. 세계유산 권고 사항에 지역 주민과 함께하라는 내용이 있습니다. 김해시를 중심으로 국립김해박물관과 국립가야문화유산연구소, 국가유산청 또한 함께해 지역민에 다가가는 세계유산 가야고군분이 되도록 노력하겠습니다.

장시간 수고하셨습니다. 이상으로 가야고분군 세계유산 등재 1주년 김해 대성동고분군과 유네스코 세계유산 학술회의를 모두 마치겠습니다.

감사합니다.